Donna Owiti

# Análise dos sentimentos sobre o efeito da fraude em linha nos utilizadores do comércio electrónico"

Donna Owiti

# Análise dos sentimentos sobre o efeito da fraude em linha nos utilizadores do comércio electrónico"

ScienciaScripts

**Imprint**

Any brand names and product names mentioned in this book are subject to trademark, brand or patent protection and are trademarks or registered trademarks of their respective holders. The use of brand names, product names, common names, trade names, product descriptions etc. even without a particular marking in this work is in no way to be construed to mean that such names may be regarded as unrestricted in respect of trademark and brand protection legislation and could thus be used by anyone.

Cover image: www.ingimage.com

This book is a translation from the original published under ISBN 978-613-9-46025-0.

Publisher:
Sciencia Scripts
is a trademark of
Dodo Books Indian Ocean Ltd. and OmniScriptum S.R.L publishing group

120 High Road, East Finchley, London, N2 9ED, United Kingdom
Str. Armeneasca 28/1, office 1, Chisinau MD-2012, Republic of Moldova, Europe
Printed at: see last page
ISBN: 978-620-5-62009-0

# Conteúdos

## ABSTRACT

O volume de transacções de retalho online aumentou nos últimos anos, tal como popularizado por retalhistas online como Jumia, Amazon, Instagram e Airbnb, para citar alguns. Com isso, muitos casos de fraude em linha surgem tanto dentro do país como globalmente, num ambiente que ainda não tem um quadro regulamentar sólido para orientar os consumidores nas suas transacções em linha. Isto representa um grande desafio para os utilizadores do comércio electrónico e dificulta o seu crescimento.

Por conseguinte, o objectivo deste estudo era examinar de que forma a fraude em linha influencia a percepção dos consumidores do comércio electrónico no sentido de se envolverem em transacções electrónicas, com enfoque no feedback dos utilizadores do Twitter no contexto queniano. O estudo investigou várias técnicas de fraude no comércio electrónico enfrentadas pelos utilizadores do comércio electrónico, com enfoque principal na engenharia social e na imitação. O resultado da avaliação sobre as diferentes técnicas utilizadas pôde ser utilizado para orientar sobre as várias actividades fraudulentas utilizadas. O estudo propõe e implementa então uma Plataforma para a realização de Análise de Sentimento sobre Tweets a partir da experiência dos utilizadores do comércio electrónico no ciberespaço.

Para cumprir o primeiro objectivo que é o de estabelecer os vários tipos de experiências de fraude no comércio electrónico por parte dos utilizadores que se envolvem, foram recolhidos dados a partir de um inquérito em linha. Os inquiridos responderam a várias perguntas sobre diferentes aspectos associados às técnicas aplicadas em Engenharia Social e Fraudes de Impersonificação. Sentimento. A análise pode ser aplicada de forma eficaz para obter uma percepção do feedback do cliente a partir das transacções de comércio electrónico. Os dados foram extraídos do Twitter utilizando o Twint, que é uma ferramenta avançada de eliminação do Twitter escrita em Python, seguida de um pré-processamento do conjunto de dados. A Análise de Sentimento foi então realizada utilizando VADER, uma ferramenta que emprega uma abordagem baseada no Lexicon na extracção de opinião. As pontuações de polaridade foram computadas e os sentimentos categorizados como positivos, negativos e neutros.

Os resultados da investigação mostraram que, dos dados recolhidos, 60,7% dos inquiridos registaram que nunca foram vítimas de fraude no comércio electrónico, embora tenha havido várias tentativas de os defraudar. Observou-se que as fraudes de comércio electrónico baseadas em cartões, tais como as fraudes de teste de cartões e de triangulação, raramente são experimentadas pelos utilizadores, o que se deve ao facto de os estudos mostrarem que os quenianos mal utilizam cartões de crédito nas suas transacções, mas preferem dinheiro móvel nos seus pagamentos. Além disso, da Análise de Sentimento, 53,82 % dos quenianos exibiram confiança no sector do comércio electrónico, de acordo com a análise dos sentimentos, mostra que há progresso e crescimento no sector Vinte e oito por cento mostraram uma reacção negativa enquanto o resto foi neutro.

Embora o estudo tenha mostrado que a maioria dos utilizadores do comércio electrónico estão bem conscientes da fraude na esfera das transacções electrónicas e de como evitá-las, há necessidade de aumentar os programas de sensibilização dos consumidores para educar os utilizadores no sentido de reduzirem os 39,3% de vítimas de fraude no comércio electrónico para menos de 10%. Com o espaço de transacções electrónicas em constante mudança e muito dinâmico em que os atacantes estão a empregar técnicas de fraude mais complicadas, há necessidade de desenvolver uma ferramenta em tempo real que possa descobrir fraquezas na segurança do espaço do comércio electrónico. As principais recomendações para melhorar a sua funcionalidade incluem a capacidade de detectar instâncias de sarcasmo e línguas locais acrescentadas ao dicionário de léxico para o tornar mais preciso no cálculo das pontuações de polaridade dos Tweets escritos em línguas locais. Outra recomendação foi criar uma plataforma que seja mais fácil de utilizar e que possa ser utilizada como uma Aplicação móvel.

# RECONHECIMENTO

Graças a Deus pela sua providência e força ao longo de todo o processo. Shukran aos meus colegas de turma, aos meus professores na USIU para mencionar alguns Dr. Oduor, Dr. Macharia, Dr. Mwalili, Dr. Ndiege e Dr. Wamuyu pela sua orientação, sagacidade, crítica e apoio. Agradeço também ao meu gabinete e colegas pelo seu apoio, especialmente ao meu chefe por me darem sempre tempo livre para fazer a pesquisa. Finalmente, um agradecimento especial à minha família; à minha mãe, ao meu pai e aos meus irmãos pelo seu encorajamento.

# CAPÍTULO 1

## INTRODUÇÃO

### 1.1 Introdução

Esta investigação foi realizada para investigar os diferentes tipos de técnicas de fraude no comércio electrónico e o efeito da fraude em linha sobre a percepção dos utilizadores do comércio electrónico no Quénia. Com o aumento da utilização da Internet devido à redução dos custos dos telemóveis e do investimento governamental em infra-estruturas tecnológicas, houve um crescimento exponencial no sector do comércio electrónico, o que também foi associado ao crescimento da cibercriminalidade. O capítulo inicial apresenta a lógica subjacente ao estudo de investigação, ou seja, o problema de fundo, a afirmação dos objectivos problemáticos do estudo e, finalmente, o significado do estudo.

### 1.2 Antecedentes do problema

As compras online ou a troca de bens ou serviços através da Internet estão a ganhar popularidade e têm um enorme potencial de crescimento, uma vez que os dispositivos informáticos e as tecnologias de comunicação estão a progredir rapidamente e a tornar-se rentáveis dia após dia (Hamirani, 2020). O comércio electrónico tem sido ampla e rapidamente abraçado devido às suas numerosas vantagens, incluindo mas não se limitando à conveniência, custos reduzidos, diversidade e entrega eficaz, para além de eliminar limitações de tempo e localização geográfica. Através do conteúdo gerado pelo utilizador, que é possibilitado pelos meios de comunicação social, a exploração de opinião torna-se crítica para investigar o conteúdo fornecido a fim de identificar feedback para um determinado produto, campanha política, iniciativa (AbdelFattah et al., 2017).

Embora a Internet tenha aberto muitas portas ao facilitar a comunicação em todo o mundo, revelou um lado negro que cria medo, perigo e terror. Especificamente, a Internet permitiu o surgimento de três novos crimes na última década: a perseguição cibernética, o assédio cibernético e a personificação em linha (Cox, 2014). As actividades fraudulentas associadas ao comércio electrónico empresa-a-consumidor (B2C) aumentaram rapidamente durante a última década, o que é apoiado pelo relatório trimestral de estatísticas da Autoridade de Comunicação (CA) do ano anterior que indica um aumento constante da fraude em linha (Autoridade de Comunicação do Quénia [CA], 2021).

Segundo o Cyber Safety Insight Report de 2021 Norton, quase 330 milhões de pessoas foram vítimas de cibercrime e desse número 44% dos consumidores globais sentiam-se mais vulneráveis ao cibercrime do que antes da pandemia da COVID-19. O mesmo relatório concluiu que a maioria dos consumidores na Austrália, França e Alemanha tinham tomado mais precauções em linha devido à preocupação com o cibercrime (Norton, 2021). O crime em linha levou a um aumento dos sentimentos de raiva, medo e ansiedade dos utilizadores no mesmo período da investigação do relatório com preocupações levantadas sobre a privacidade dos dados e acesso não autorizado a dispositivos por cibercriminosos. Um artigo de Tucker (2020) mostra que os ataques de phishing aumentam durante as grandes vendas online como Black Friday e Amazon Prime Day, onde os compradores são enganados a clicar em ligações maliciosas.

No contexto africano, tem havido numerosos casos de fraude em linha com origem especificamente na Nigéria. De acordo com o artigo do FBI sobre a Carta Nigeriana ou Fraude '419', os cibercriminosos combinam a ameaça de imitação e uma variação da técnica de taxas avançadas para enganar as vítimas do seu dinheiro e credenciais. (FBI, n.d.). Na sua revista para estudar as preocupações de privacidade e segurança dos websites de comércio electrónico no Gana Baako, Umar e Gidisu( 2019) afirma que os clientes em transacções de comércio electrónico estão apreensivos quanto às suas informações pessoais que poderiam ser roubadas por criminosos enquanto fazem pagamentos enquanto os vendedores estão também preocupados em serem enganados por fraudes que se fazem passar por compradores legítimos.

Há casos notáveis em que empresas bem estabelecidas entraram em colapso em resultado de estarem associadas a fraudes em linha maciças, como é o caso da OLX Kenya, que entrou em colapso depois de não ter sido capaz de se redimir após múltiplas fraudes em linha na sua plataforma (Mwasambo, 2016). Outra fraude online desenfreada no Quénia é os ataques de Smishing, através dos quais a maioria dos quenianos recebeu mensagens nos seus telefones solicitando o pagamento de algum dinheiro, informando-os de que ganharam uma lotaria que só pode ser acedida após o pagamento solicitado. Por conseguinte, é fundamental que os retalhistas online monitorizem o feedback dos clientes de modo a não só satisfazer as suas necessidades, mas também a salvaguardar a sua reputação.

A interacção directa entre clientes e retalhistas em linha significa que existe um mínimo de regulamentação da interacção comercial, consequentemente, o comércio electrónico é altamente vulnerável a um tipo diferente de fraude e cibercriminalidade em linha. Questões de segurança como a destruição, divulgação e modificação de dados, negação de serviço, fraude, desperdício, e ou abuso dos recursos da rede devem ser resolvidas de modo a criar confiança dos clientes no comércio electrónico (Hamirani, 2020). O desafio com a interacção directa não só se limita a menos hipóteses de verificação de actores genuínos, como também carece de um mínimo de aplicação da lei em incidentes de cibercrime.

Este estudo efectuou uma investigação sobre o estabelecimento dos diferentes tipos de fraude em linha experimentados no Quénia e como as actividades maliciosas no ciberespaço, nomeadamente a fraude em linha, afectam a atitude dos utilizadores em relação ao comércio electrónico. A investigação categoriza os diferentes tipos de fraude no comércio electrónico experimentados como os objectivos iniciais seguidos pelo processo de Análise Sentimental. Através da Análise Sentimental da opinião do Twitter, foi desenvolvida e testada uma Plataforma para demonstrar a relação entre a percepção e as experiências de fraude em linha e o feedback dos utilizadores. A investigação envolveu a definição de palavras-chave utilizadas na investigação com palavras associadas ao comércio electrónico queniano, extracção de Tweets relevantes, realização de A investigação tinha por objectivo demonstrar não só a atitude do utilizador em relação ao espaço do comércio electrónico através do cálculo da pontuação composta, mas também a extensão da polaridade.


## 1.3 Declaração de problemas

Tem-se notado que à medida que mais transacções comerciais se movimentam em linha, há preocupações levantadas pelos consumidores quanto à segurança dos seus dados pessoais e financeiros, e quanto à fiabilidade dos produtos e serviços de tais transacções. De acordo com Caldeira et al., (2014) houve um aumento significativo do número de casos de fraude, resultando em perdas de milhares de milhões de dólares por ano em todo o mundo. A segurança é uma das variáveis mais vitais que restringem os clientes e associações que se dedicam ao comércio electrónico e ao comércio electrónico, abordando actualmente de forma gradual as questões de segurança das suas redes internas (Khan, 2019).

A atitude face ao comportamento é explicada na adopção do comércio electrónico como a avaliação do desejo de uma pessoa de fazer negócios através da utilização de tecnologia de comércio electrónico (Apau et al., 2019). A maioria dos consumidores limitará o seu envolvimento na indústria do comércio electrónico se tiverem tido uma experiência anterior insatisfatória, tendo por isso um impacto negativo no negócio. O relatório de Norton (2021), elaborado no efeito da fraude em linha contra os consumidores durante o período pandémico; mostra que globalmente mais de metade dos consumidores (52%) se sentiram zangados após o acesso não autorizado a contas e dispositivos. Outras emoções expressas no inquérito incluíram consumidores que se sentiam stressados, violados e impotentes.

Os crimes associados à utilização da Internet incluem vendas fraudulentas on-line, transferência electrónica de fundos, roubo de identidade, esquemas de taxas antecipadas e investimento fraudulento (Apau et al., 2019). Muitas vezes os clientes do tempo não têm muitas opções quando se trata de fraude no comércio electrónico, isto deve-se ao facto de a maioria dos países em desenvolvimento não disporem de um quadro legal claro para denunciar e aplicar processos criminais em tais matérias. Os utilizadores libertam assim as suas frustrações nos meios de comunicação social para se exprimirem a ser enganados pelo seu dinheiro ou pela recepção de bens ou atrasos abaixo das normas, entre outras experiências negativas. A análise dos sentimentos é um processo que pode ser utilizado para avaliar o feedback do consumidor em relação a tais compromissos. Envolve a avaliação do estado de espírito do público e a categorização utilizando diferentes procedimentos na análise de opinião e de sentimento (OMSA) de acordo com Prakash & Aloysius (2020).

Este estudo realizou uma investigação sobre o estabelecimento dos diferentes tipos de fraude em linha experimentados no Quénia; restringe-se às duas principais técnicas de fraude no comércio electrónico, nomeadamente os ataques de Engenharia Social e Impersonificação e as várias formas tomadas para levar a cabo os referidos vectores de ataque. Os conhecimentos recolhidos a partir do estudo mostram até que ponto os operadores do espaço de comércio electrónico, tanto consumidores como fornecedores no Quénia, experimentaram diferentes categorias de cibercrime. A informação recolhida a partir da investigação pode ser utilizada para orientar os vários intervenientes envolvidos.

As pesquisas anteriores, na sua maioria consideradas opiniões inequívocas articuladas por adjectivos, dependem portanto do contexto que não poderiam isolar afirmações ambíguas (Sadia et al., 2018). Esta investigação utilizou a ferramenta VADER Sentiment Analysis baseada no Lexicon, que é o NLTK da Python com capacidade para detectar intensificadores e ambiguidade numa frase, tornando-a assim mais eficaz na África do Sul. Além disso, os estudos que examinam as intenções de compra dos consumidores através da utilização do comércio electrónico e as suas percepções de cibercrime são limitadas (Apau et al., 2019). A investigação pretendia, portanto, contribuir para o conhecimento académico no contexto do comércio electrónico queniano sobre o impacto da fraude em linha nos utilizadores do comércio electrónico e a sua atitude.

O estudo visava uma plataforma para investigar o efeito de actividades fraudulentas em linha e como estas afectam a atitude dos consumidores em relação às transacções de comércio electrónico. Isto foi feito utilizando VADER que é uma ferramenta de Análise de Sentimento baseada em Léxico para que as marcas, os consumidores e os organismos de aplicação da lei relevantes possam fazer melhor sentido das opiniões gerais no que diz respeito à perspectiva do utilizador. A maioria das empresas no Quénia realiza manualmente a Análise de Sentimento, que não só é intensiva em capital e trabalho, como também é propensa a erros humanos, pelo que este estudo oferece um mecanismo automatizado mais eficiente de determinação do feedback dos utilizadores.

Ao contrário de pesquisas anteriores que analisavam apenas as palavras de opinião isoladas, o projecto incorporou outros aspectos chave de um sentimento como emojis, emoticons, pontuação, slung comummente aceite Twitter, capitalização e pontuação de ênfase. Estes são os elementos de um sentimento utilizado no espaço queniano do Twitter que mostra a extensão da polaridade de um sentimento, seja ele negativo ou positivo, como veremos na pesquisa que melhora a precisão. O Twitter foi preferido devido ao facto de não ser apenas um Serviço de Rede Social de Acesso Aberto, mas também fornecer uma alta densidade de sentimentos devido ao limite de cento e quarenta caracteres e oferecer, portanto, uma API de fácil utilização para extrair os sentimentos em tempo real, tal como proposto por Bhargava e Choudhary (2018).

## 1.4 Objectivo Geral

O objectivo geral da investigação é realizar uma análise do impacto da fraude em linha sobre a atitude dos consumidores em relação ao comércio electrónico.

## 1.5 Objectivos específicos da Investigação

i.   Estabelecer os diferentes tipos de engenharia social e fraudes de imitação como actividades fraudulentas de comércio electrónico.

ii.   Realizar uma Análise de Sentimento sobre o efeito da fraude no comércio electrónico na percepção dos utilizadores do comércio electrónico.

iii.   Avaliar e validar a ferramenta de Análise Sentimental.

## 1.6 Importância do estudo

A investigação é significativa para os principais intervenientes no ambiente do comércio electrónico, nomeadamente clientes, retalhistas em linha, agências reguladoras e de aplicação da lei;

i. Comerciantes Online

Muitas empresas e organizações, particularmente retalhistas, a percepção de um produto ou serviço por parte de um cliente é um dado muito valioso. A partir dos dados obtidos de uma análise como esta Investigação, uma organização pode determinar problemas com os seus produtos, detectar tendências antes dos seus concorrentes, produzir melhores comunicações com o seu público alvo, e obter uma visão valiosa da eficácia das suas campanhas de promoção (Bhargava & Choudhary, 2018). Os comerciantes online obtêm uma forma mais adequada de proteger a sua imagem de marca, controlando os imitadores ilegítimos e melhorando sempre que necessário.

ii. Sector do Comércio Electrónico

Para assegurar que o sector retalhista em linha beneficie plenamente do seu potencial e continue a prosperar, deve ser confiado pelos intervenientes que são os clientes e fornecedores neste caso, para que tenham plena confiança na sua participação. O comércio a retalho em linha também contrata numerosas pessoas, pelo que é uma importante fonte de rendimento para muitas populações jovens para além da geração de receitas governamentais através de impostos, o que significa que deve ser fiável para os envolvidos. Subsequentemente, a protecção do espaço de comércio electrónico será benéfica não só para os participantes individuais, mas também para todo o país como um todo.

Esta investigação tenta, portanto, trazer responsabilidade e fiabilidade ao sector, minimizando os casos de fraude em linha e assegurando que tanto os fornecimentos, clientes, retalhistas legítimos em linha, como o governo, valorizam a indústria. De acordo com o Relatório de Estatísticas do Sector da Autoridade de Comunicações do Quénia (2021), o número de utilizadores da Internet foi de 43,45 milhões, o que demonstra claramente que existe um grande segmento de mercado que, se bem regulado, pode gerar mais receitas para o governo. A informação que pode ser adquirida a partir de tal investigação pode orientar as decisões e sensibilizar todos os envolvidos.

i. Agências de aplicação da lei

O Relatório de Estatísticas Sectoriais da Autoridade de Comunicações do Quénia mostra ainda um aumento consistente da fraude em linha, entre outras formas de abuso em linha. As agências de aplicação da lei podem, portanto, obter um mecanismo mais eficiente para detectar e investigar a criminalidade em linha, ao mesmo tempo que efectuam análises preditivas sobre potenciais crimes. A Plataforma permite às agências de aplicação da lei monitorizar mais eficazmente o espaço do comércio electrónico no que diz respeito a crimes neste caso, reduzindo-se a áreas onde parece haver uma polaridade mais negativa em resultado das queixas registadas.

ii. Consumidores

Os consumidores de comércio electrónico são provavelmente os beneficiários mais adequados para a plataforma, uma vez que são capazes de acompanhar as tendências de fraude no comércio electrónico, de modo a rentabilizar o seu dinheiro. Por conseguinte, não só estão protegidos de serem defraudados ou de terem as suas credenciais financeiras utilizadas para cometer crimes, como também podem usar a sua voz para dissuadir a fraude no comércio electrónico. Os consumidores são capazes de tomar decisões informadas a partir das tendências observadas no sector do comércio electrónico, o que é bastante aplicável pela Plataforma.

Existe a exigência de uma ferramenta que efectue análises contínuas sobre o feedback do utilizador utilizando a informação progressivamente adquirida para produzir resultados contínuos que permitam experiências muito melhores, isto é fundamental num campo que está em constante mudança como o comércio electrónico. Devido ao facto de haver uma quantidade limitada de investigação feita sobre o efeito da fraude em linha no espaço de comércio electrónico queniano, o estudo espera dar uma contribuição académica. Em conclusão, o estudo beneficiará não só os consumidores do comércio electrónico, mas também as agências de aplicação da lei, as agências reguladoras e os vendedores legítimos em linha.

**1.7 Âmbito do Estudo e Limitação**

O âmbito deste estudo restringe-se ao modelo de comércio electrónico Business-to-Consumer (B2C) no Quénia entre utilizadores que utilizam transacções electrónicas. Os dados para esta pesquisa foram extraídos de duas fontes: um inquérito em linha e a plataforma Social Media Twitter. Devido à abordagem experimental adoptada, os dados são extraídos do Twitter durante um período de Três meses, utilizando o Twint, que teve várias vantagens da API Standard Twitter, como explicado no Capítulo 3. Os dados utilizados foram extraídos apenas de utilizadores do Twitter no Quénia, para que houvesse dados suficientes para a análise; o Twitter é a única plataforma de meios de comunicação social utilizada para a investigação, embora mais investigação pudesse incorporar outras plataformas de meios de comunicação social, tais como Instagram e Facebook, onde os utilizadores também expressam os seus sentimentos.

A ferramenta de Análise Sentimental (SA) pode não ser capaz de detectar casos em que haja utilização de qualquer outra língua para além do inglês, pelo que alguns dados cruciais podem não ser detectados. Alguns casos de sarcasmo também podem ser confusos para a ferramenta de detecção, levando a interpretações erradas. Outro desafio poderia também ser o facto de não ter sido feita muita investigação e desenvolvimento prévio na área da investigação no mundo em desenvolvimento, o que poderia proporcionar possibilidades limitadas de material relatável.

A informação sobre técnicas de cibercrime no comércio electrónico é vasta e ampla, o que pode exigir a análise de enormes volumes de dados. Existem várias técnicas utilizadas pelos cibercriminosos nos seus esforços para ganhar dinheiro ou roubar informação de forma fraudulenta. Este estudo limita-se, contudo, a duas técnicas principais utilizadas pelos cibercriminosos, nomeadamente Engenharia Social e Impersonificação, deixando de fora algumas outras formas de fraude no comércio electrónico, de modo a restringir a área de estudo. Além disso, sendo um inquérito em linha, as respostas podem ter limitado os inquiridos a dar respostas mais descritivas.

## 1.8 Definição de Termos

**comércio electrónico:** A utilização das tecnologias da informação, incluindo a Internet, computador e outros dispositivos electrónicos, para a compra, venda, transferência e troca de produtos, serviços ou informações (Apau et al., 2019)

**Mineração de Opinião:** Segundo AbdelFattah et al., (2017) , a extracção de opinião é o processo de análise de textos em linguagem natural para detectar uma emoção ou um padrão de emoções em relação a um determinado produto para tomar uma decisão sobre esse produto.

**Twitter:** é definido como um serviço de rede social que permite aos seus utilizadores enviar e navegar em mensagens de texto baseadas em vários meios de comunicação, conhecidas como "tweets". Os tweets são visíveis publicamente por defeito, mas os remetentes podem proibir a entrega de mensagens a uma multidão limitada (Bhargava & Choudhary, 2018)

**Análise de Sentimento**: Técnica de processamento da linguagem natural que utiliza algoritmos computacionais para extrair informação subjectiva do texto escrito e que pode identificar a força do tom positivo e negativo da mensagem (Bhargava & Choudhary, 2018)

**Emoji:** Gabarron et al., (2019) define emoji como uma pequena imagem ou ícone digital utilizado para expressar uma ideia ou emoção.

**Linguagem de Processamento Natural (NLP):** Segundo Melnikov et al., (2017), a PNL é uma área interdisciplinar de ciência e tecnologia, destinada a resolver os problemas de análise e síntese automática da linguagem natural que surgem durante as interacções homem-máquina, utilizando várias abordagens da IA e da Linguística Informática.

**B2C:** Business to Consumer (B2C) como uma transacção comercial entre uma empresa e os seus consumidores em que a empresa é o único vendedor neste ambiente (Silva et al., 2020).

**Aprendizagem mecânica:** (Laurent et al., 2014) definem a aprendizagem mecânica como a capacidade de um sistema informático para melhorar o seu desempenho através de dados de exposição sem a necessidade de seguir instruções explicitamente programadas.

**Hashtag:** São formados usando o sinal de libra (#) em frente a uma palavra sem espaço e pontuação como #Kenyannewcurrency, torna a conversa centrada em torno do mesmo tópico mais fácil de pesquisar (Noor & Turan, 2020)

**Interface de Programação da Aplicação**: Também conhecido como API é um software que actua como intermediário entre duas aplicações permitindo a comunicação entre elas (Gabarron et al., 2019).

## 1.9 Resumo do capítulo

Este capítulo descreveu em pormenor o objectivo da investigação que era investigar a influência da fraude em linha na atitude dos utilizadores do comércio electrónico no twitter, propondo assim uma Plataforma a ser utilizada na análise do feedback dos utilizadores do comércio electrónico. Com cada sector da economia em linha, total ou parcialmente, quando aplicável, há necessidade de construir sistemas fiáveis e de promover a responsabilização de todos os envolvidos. A investigação também explica profundamente porque é que um estudo deste tipo é crucial neste momento, o Quénia está a avançar no sentido de reduzir a fractura digital.

O capítulo pretende introduzir o conceito de investigação e o que foi realizado no final do projecto. Os antecedentes do problema da investigação foram claramente explicados e a declaração do problema foi também explicada sobre a necessidade da investigação. O âmbito do estudo e as limitações que poderiam ser enfrentadas foi também examinado após a declaração dos objectivos específicos da investigação. O capítulo seguinte aprofundou-se na revisão bibliográfica de material relacionado com a Análise de Sentimento no Twitter e no comércio electrónico e nas lacunas que o estudo pretende preencher.

# CAPÍTULO 2

**REVISÃO BIBLIOGRÁFICA**

## 2.1 Introdução

O capítulo de revisão bibliográfica analisou estudos anteriores sobre abordagens de análise de fraudes e sentimentos em linha, de modo a fornecer uma base teórica para orientar a investigação. Isto foi feito realçando os vários conceitos relativos à engenharia social e às técnicas de fraude de imitação. Os objectivos da investigação foram analisados em profundidade, os fundamentos teóricos e a análise de lacunas, tendo assim sido introduzido no final o algoritmo proposto.

## 2.2 Fundação Teórica

O Quadro Teórico revê várias teorias que são relevantes para o estudo para ajudar a definir variáveis-chave a serem consideradas no estudo. De acordo com Junger et al., (2020) , para que a fraude ocorra, deve haver a presença de três elementos: motivo, oportunidade e racionalização que é a mentalidade do defraudador. O acima exposto define a taxa de sucesso das actividades criminosas no sector do comércio electrónico e, em contrapartida, a percepção dos utilizadores, tal como demonstrado nos subcapítulos subsequentes. A Fundação Teórica fornece portanto a base para a compreensão das relações entre várias construções no decurso do processo de investigação.

### 2.2.1 Teoria da Acção Razoada (TRA)

A Teoria é utilizada para explicar a relação entre a atitude e o comportamento dos povos e também para prever como os indivíduos se comportam com base nas suas atitudes e intenções comportamentais pré-existentes de acordo com Apau et al., (2019). Integra modelos como a percepção do crime informático, a confiança dos vendedores na Internet para descrever a experiência das partes relevantes. Acredita-se que a atitude em relação ao comportamento e a norma subjectiva são os dois determinantes básicos da intenção.

Cohen et al., (2012) demonstram que a atitude é uma medida da crença das pessoas de que um comportamento conduz a um resultado favorável ou desfavorável, enquanto norma subjectiva é a medida em que uma pessoa acredita que o comportamento das pessoas influencia o seu.

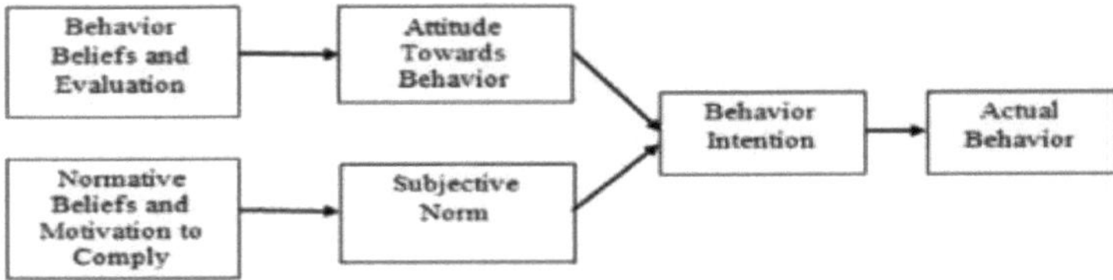



**Figura 1: Teoria da acção fundamentada (Apau et al., 2019)**

A Teoria da Acção Razoada (TRA) foi utilizada para investigar o processo de tomada de decisões, como as crenças comportamentais combinadas com crenças normativas afectam a atitude e as normas subjectivas, respectivamente. Os factores mencionados têm um impacto directo na intenção dos utilizadores do comércio electrónico, o que significa que os consumidores estarão dispostos a participar no comércio electrónico como resultado das suas experiências. As crenças podem ser influenciadas por experiências pessoais ou de terceiros através da interacção dos meios de comunicação social e outras plataformas, como as críticas de sites de comércio electrónico.

### 2.2.2 Teoria da Actividade de Rotina (RAT)

Desenvolvido originalmente por Cohen e Felson (1979) A Teoria da Actividade de Rotina propõe que os actos criminosos exigem uma convergência atempada dos prováveis infractores, alvos adequados e a ausência de defensores capazes. A teoria sublinha a importância da exposição e vulnerabilidade dos alvos a potenciais infractores no contexto de uma menor tutela (Junger et al., 2020). É uma abordagem teórica importante no paradigma da microeconomia e é um defensor da tomada de decisões humanas no comportamento dos indivíduos em modelos e análises microeconómicas de acordo com (Smith & Brooks, 2013).

Tal como no crime convencional, a Teoria da Actividade de Rotina é composta por três variáveis que são infractores motivados, alvo adequado e ausência de guardião capaz influencia o crime cibernético na medida em que é provável que a fraude em linha seja bem sucedida onde os perpetradores podem manipular as suas vítimas utilizando várias técnicas como a engenharia social, dependendo do seu nível de exposição sobre tais actividades fraudulentas. Os meios de comunicação social são uma plataforma eficaz para essas vítimas expressarem as suas opiniões sobre as suas experiências, que depois actuam como um dissuasor de potenciais crimes e criam uma consciência para as potenciais vítimas.

A teoria assume que os humanos tomam decisões de uma forma racional, o que implica que o seu comportamento pode ser modelado, e assim podem ser feitas previsões sobre actividades futuras (Smith & Brooks, 2013). Esta teoria ilustra que a prevalência do crime em linha dissuade os consumidores de fazer compras, aumentando o seu receio de risco devido à regulamentação limitada do comércio electrónico nas redes sociais, o que conduz a perdas e eventual encerramento de vários casos de retalhistas em linha no ponto OLX Quénia. Pratt et al., (2010) demonstram que, com as mudanças nas estruturas tecnológicas, a Internet mudou fundamentalmente as práticas de consumo e simultaneamente alargou as oportunidades de os ciberfraudadores se dirigirem aos consumidores em linha.

As teorias demonstram a correlação entre os factores ambientais que influenciam o comportamento das entidades na plataforma de comércio electrónico. Actuam como uma base a partir da qual a investigação é feita e guiam a compreensão da relação entre os vários parâmetros em investigação. As teorias que constituem a base da investigação fornecem uma via para um ponto de referência durante esta investigação.

## 2.3 Técnicas de Fraude Online Associadas ao Comércio Electrónico

Uma pesquisa realizada pela empresa de pesquisa Bolster mostra que a fraude do Cartão Oferta, que é um tipo de phishing, é popularmente utilizada para visar compradores online durante períodos de venda online, utilizando um URL que parece autêntico e poderia facilmente passar como o website pertencente à Apple para enganar os compradores a introduzir os seus dados, que depois é utilizado para os enganar (Bolster, 2020). O alvo da gigantesca loja online também teve os seus clientes vítimas de fraude ao introduzir os números dos seus cartões de oferta a sites maliciosos utilizados para os defraudar. Business Email Compromise(BEC) também conhecido como Email Account Compromise é um dos crimes online mais prejudiciais financeiramente, é uma forma de phishing em que os cibercriminosos enviam um email que parece vir de uma fonte conhecida fazendo um pedido legítimo, por exemplo, para actualizar um software ou pagamento por transferência bancária, depois uma empresa ou indivíduo é enganado (FBI, n.d.).

Check Point Cyber Security Report de 2020 mostra que enquanto o correio electrónico continua a ser o vector de ataque número um, os cibercriminosos estão também a utilizar uma variedade de outros vectores de ataque para enganar as suas vítimas pretendidas, levando-as a entregar as suas informações pessoais. Isto inclui o estudo das suas vítimas durante semanas ou mesmo mariposas e quando chega a altura certa, a elaboração de um ataque de alvo para roubar aos clientes ou parceiros (Check Point, 2020). O relatório Citizens Advice Scotland (2014) constata que há um aumento de sites falsos que se fazem passar por sites oficiais do governo, caso em que os cidadãos escoceses foram enganados para se inscreverem num site que pensavam ser um site genuíno de aplicação de passaporte ou carta de condução e acabaram por ser enganados online. Segundo o artigo da Trend Micro (2014), o eBay foi atingido por um ataque de spear-phishing após as credenciais de login dos seus empregados terem sido comprometidas por cibercriminosos. O ataque levou a empresa a solicitar aos seus clientes que alterassem imediatamente as suas palavras-passe para impedir novos danos.

Na sua investigação sobre a detecção de e-mails avançados de fraude de taxas utilizando pronomes auto-referenciais, Alli et al., (2018) avaliam o efeito da fraude 419 com o nome da Secção 419 do Código Penal Nigeriano, que emprega técnicas de personificação, phishing e roubo de identidade para enganar os consumidores online. Diz-se que a fraude 419 é a mais longa e bem sucedida transnacional originalmente espalhada pelos países da África Ocidental, os golpistas que pretendem fazer negócios lucrativos depois de um pagamento inicial ser feito por vítimas insuspeitas. A perda de dinheiro através de compras pela Internet devido ao cibercrime afecta tanto os clientes como as empresas, alarga o fosso digital e destrói a infra-estrutura de informação (Apau et al., 2019).

Outro crime cibernético desenfreado em África é a fraude 'Sakawa' originária do Gana que emprega o uso de imitação e engenharia social para defraudar alvos usando iscos como ouro, diamante e lotaria (Duah & Kwabena, 2015). As vítimas são atraídas por promessas de ganhar muito dinheiro uma vez que fazem um pagamento ou com promessas de relações românticas com parceiros que são normalmente imagens descarregadas da Internet; isto levou a um mínimo de confiança nas transacções online por parte dos utilizadores interessados.

O Quénia tem assistido a um aumento constante da fraude electrónica, especialmente com o avanço tecnológico combinado com custos de Internet mais rápidos e mais baratos. De tempos a tempos, muitos utilizadores móveis no Quénia recebem textos de pessoas que alegam ter enviado dinheiro indevidamente para os seus números solicitando-lhes o reenvio do dinheiro (Mwasambo, 2016). Um esquema online mais recente para atingir o país em grande escala no início do ano é o 'Amazon Web Worker scam', que alegou ser uma afiliada da Amazon Inc. acedida através de aplicações móveis e web que conseguiram enganar as vítimas de milhões de xelins sob a forma de 'investimentos' (BBC, 2021). Os consumidores também foram vítimas de falsos websites informando-os de terem ganho na lotaria de empresas estabelecidas, como a Safaricom, o que os levou a ligações fraudulentas que poderiam infectar os seus dispositivos com malware ou roubar os seus dados.

Outras fraudes menos sofisticadas no comércio electrónico experimentadas pelos quenianos incluem contas maliciosas dos meios de comunicação social que se fazem passar por lojas ou bancos genuínos em linha e que os enganam com o seu dinheiro, sem entregar quaisquer produtos ou serviços (Odanga, 2020). Há também casos em que foram prometidos aos consumidores bens de qualidade enquanto que, no final, os vendedores em linha entregam bens de qualidade inferior que não podem utilizar. Os consumidores também foram vítimas de raptos no suposto ponto de entrega e raptados para resgate por cibercriminosos. Os raptos têm vindo a aumentar com a utilização generalizada de Mobile Taxi Apps tais como Uber e Bolt, onde condutores sem escrúpulos roubam utilizadores e, em alguns casos, os utilizadores têm denunciado agressões sexuais. O desenvolvimento das tecnologias de informação e a generalização deste conhecimento da Internet permitem aos criminosos serem mais sofisticados nos enganos e ataques que podem realizar ( Issah et al., 2019), apesar de meios relativamente menos complicados terem tido um impacto maciço no comércio electrónico.

### 2.3.1 Engenharia Social Tipos de fraude e comércio electrónico

CERT-UK (2015) define a engenharia social como a manipulação de indivíduos a fim de os induzir a realizar acções específicas ou a divulgar informações que possam ser úteis a um agressor. A engenharia social aproveita a confiança e a curiosidade da vítima para a manipular e dar informações cruciais que o agressor pode utilizar para conduzir actividades fraudulentas após ter obtido acesso ou controlo a um sistema de informação. É um vector de ataque que explora a psicologia humana e a susceptibilidade de manipular alvos para divulgar informação confidencial.

Atkins e Huang (2013) define a Engenharia Social como uma exploração psicológica que os golpistas utilizam para manipular habilmente a fraqueza humana e realizar ataques emocionais a pessoas inocentes. Além disso, Atkins e Huang demonstram que tais atacantes usam declarações positivas e negativas juntamente com persuasões autorizadas e urgentes para influenciar as vítimas nas suas decisões para lhes dar resposta, as potenciais vítimas podem estar atentas aos termos utilizados regularmente por tais atacantes. Bullee e Junger (2020) define a Engenharia Social como manipulação social e truques psicológicos para fazer com que os alvos ajudem os agressores no seu ataque.

A engenharia social é principalmente atribuída aos cibercriminosos, mas na maioria dos casos como vector de ataque, prospera como resultado da ganância humana. O desejo de fazer dinheiro fácil pelos utilizadores tem sido explorado por criminosos para os atrair usando atalhos para ganhar dinheiro, ganhar na lotaria ou obter as melhores ofertas de negócio. Os engenheiros sociais dependem dos preconceitos e erros cognitivos da vítima no julgamento, por exemplo, um comprador que introduz a sua informação de crédito num site fraudulento mascarado de Jumia plataforma de retalho online, que depois é vítima de ataques de phishing.

**Figura 2: Ciclo de Vida da Engenharia Social**

**Fonte:** https://www.imperva.com/learn/application-security/social-engineering-attack/

Requer um comprador muito atento e alerta para poder identificar o site legítimo a partir do site falso. A consciência ou reconhecimento de uma pessoa desempenha um grande papel no seu processo de tomada de decisões (Atkins & Huang, 2013) e a consciência é expressa quando os utilizadores partilham os seus conhecimentos e experiências de compras online no Twitter.

Na plataforma de comércio electrónico, os engenheiros sociais podem ter experiência em vários tipos de engenharia social, entre os quais

## 2.3.1.1 Ataques de Phishing

Atkins e Huang (2013) definem o phishing como uma forma de ataque de Engenharia Social em que o atacante também conhecido como um phisher recupera fraudulentamente informações confidenciais ou sensíveis imitando uma organização pública ou de confiança. Os utilizadores podem receber um e-mail com a intenção de serem de uma plataforma legítima de comércio electrónico como a Glovo, informando-os a colocar as suas informações pessoais e financeiras numa ligação maliciosa e a fazer compras, os atacantes vão então em frente para utilizar os seus dados para realizar actividades fraudulentas.

O phishing é também definido como uma técnica de hacking de correio electrónico malicioso em massa para enganar as pessoas a clicar em ligações malware ou a divulgar informação privada (Dimitri, 2016). Uma pesquisa realizada por CERT-UK (2015) afirma que o phishing é a forma mais prolífica de Engenharia Social, representando 77% de todos os ataques de base social. O phishing pode assumir a forma de ataques por telefone também conhecidos como vishing ou Smishing, uma forma emergente de ataque de engenharia social que utiliza SMS para atingir as vítimas. Há também o spear phishing que é um tipo de phishing mais letal que visa vítimas específicas, com e-mails que se dizem ser de certos indivíduos (Dimitri, 2016b).

## 2.3.1.2 Fraude com taxas avançadas

A fraude de taxa antecipada recebe o seu nome porque estes esquemas exigem que a vítima pague ao golpista antecipadamente com a promessa de receber recompensas mais tarde (Atkins & Huang, 2013). Os golpistas podem iniciar o contacto com as vítimas em qualquer plataforma de comércio electrónico, por exemplo Instagram, e depois criar uma relação com elas através da construção de um nível de confiança. Depois convencem o comprador a fazer um pagamento por um produto, dando as suas credenciais, após o que utilizam as informações dadas partilhadas para actividades criminosas. A Fraude com Taxas Avançadas é uma forma de técnica de isco na engenharia social. O mais desenfreado da Fraude de Taxa Avançada é o Príncipe Nigeriano ou o Crime 419 explicado no capítulo anterior que envolve atrair as vítimas a fazer um pagamento a um "Príncipe Nigeriano" encalhado que precisa de levantar uma soma significativa mas precisa de um pagamento para desbloquear a sua conta.

## 2.3.1.3 Pretexting/ Engenharia Social Inversa

Mwasambo, (2016) define o pretexto como um ataque que faz e utiliza uma situação genuína ou concebida (o pretexto) para expandir o tiro que uma vítima concentrada irá revelar dados ou realizar actividades que seriam improváveis em condições comuns. Envolve a utilização de falsos pretextos para obter informações das vítimas, os utilizadores de plataformas de comércio electrónico são vítimas quando divulgam informações a esses golpistas no processo de fazer compras em linha. O pretexto é um tipo de técnica de Engenharia Social que manipula os seus alvos na divulgação de informação utilizando um cenário inventado conhecido como um pretexto desenvolvido por golpistas. O pretexto acontece nos casos em que o fraudador chama uma vítima alegando ser uma pessoa de autoridade, por exemplo, um CEO de um banco solicitando os dados pessoais da vítima. Após os dados terem sido partilhados, a informação é então utilizada pelo burlão para realizar um determinado ataque, por exemplo, fazer compras ou enganar pessoas em linha.

## 2.3.1.4 Isco

Este é um tipo de técnicas de Engenharia Social utilizadas para ganhar a confiança das vítimas e depois manipulá-las, oferecendo ofertas gratuitas ou prémios em dinheiro. O ataque de isco tenta fazer uma promessa sedutora que é utilizada para atrair a vítima para uma armadilha com o objectivo de espalhar um malware ou roubar informação sensível. Um exemplo no comércio electrónico é a colocação de anúncios aliciantes em posições específicas para levar alvos a websites maliciosos ou levá-los a descarregar uma aplicação infectada por vírus que é utilizada para atacar os seus dispositivos.

### 2.3.1.5 Quid Pro Quota

Quid pro quo é latim para "algo por algo". É um tipo de técnica de engenharia social em que o atacante tenta trocar serviço por informação (Mitnick Security, 2021). Envolve um fraudador que chama números aleatórios de vítimas com solução para um problema específico em troca da sua informação pessoal que é depois utilizada em fraudes em linha. Quid Pro Quo procura beneficiar da informação partilhada para outras actividades fraudulentas, por exemplo, as credenciais dadas utilizadas para fazer transacções ilegais.

### 2.3.2 Tipos de fraude de personificação no comércio electrónico

medida que o modelo de negócio do comércio electrónico amadurece, o número e os tipos de fraudes que são denunciadas na área estão também a crescer diariamente (Renjith, 2018). No comércio electrónico, a imitação pode ter lugar sob numerosas formas; os consumidores de produtos e serviços em linha experimentam golpes como o de serem enganados a fazer compras a marcas que se apresentam como empresas legítimas mas vendem produtos de qualidade inferior. Outro tipo de fraude no comércio electrónico é a fraude Marchant, neste caso o criminoso faz-se passar por vendedor legítimo e cobra ao cartão de crédito ou de débito dos consumidores e depois de recolher alguma receita desaparece (Renjith, 2018).

Estes tipos de fraude no comércio electrónico são relevantes para este estudo;

### 2.3.2.1 Fraude de Triangulação

Este tipo de fraude no comércio electrónico envolve três componentes. O defraudador, uma loja de comércio electrónico e um comprador legítimo e insuspeito. O fraudador cria uma falsa loja online que oferece mercadorias de qualidade a preços extremamente baixos para atrair os clientes. O cliente insuspeito faz então encomendas on-line utilizando o seu cartão de débito ou crédito que o fraudador utiliza para fazer encomendas a partir de lojas de retalho legítimas utilizando as credenciais da vítima. Os três indivíduos envolvidos na Fraude de Triangulação são o cliente insuspeito que coloca uma encomenda utilizando o seu cartão de crédito ou débito, o vendedor fraudulento que recebe a encomenda e faz outra encomenda do produto ou serviço real utilizando os detalhes do cartão e o website ou plataforma legítima de comércio electrónico que processa a encomenda do fraudador (Fraude de Triangulação, 2022).

### 2.3.2.2 Fraude de Intercepção

Em Intercepção fraude, o fraudador faz encomendas utilizando informações de cartão de crédito roubadas para entregar os produtos comprados a si próprio, deixando o proprietário com facturas de produtos que não compraram. A fraude no comércio electrónico de intercepção pode também assumir a forma de fraudadores que solicitam ao representante do cliente que altere o endereço de uma encomenda de um comprador legítimo para o seu próprio endereço. Recebem então a mercadoria entregue em vez do comprador genuíno que ainda tem de efectuar os pagamentos.

### 2.3.2.3 Fraude de tomada de controlo de contas

A fraude de tomada de conta é uma forma de roubo de identidade, o fraudador ganha acesso e controlo da conta de crédito de um cliente registado e utiliza os dados do cartão de crédito para se fazer passar por um cliente legítimo. Ele pode utilizar o cartão de crédito para fazer compras e também fazer outras actividades maliciosas. A fraude de tomada de conta é uma fraude grave de roubo de identidade que não só custa aos clientes, mas também aos retalhistas online, uma vez que os clientes não farão compras quando sentirem que os seus dados não são seguros. A fraude de tomada de conta assume muitas formas, mas os processos gerais envolvidos de acordo com Macaraeg (2019);

i.    Ocorre a violação por terceiros e o nome de utilizador e a palavra-passe são exfiltrados

ii.   As credenciais ex-filtradas são afixadas em sítios públicos ou vendidas em locais escuros do mercado web

iii.  Um actor ameaçador adquire os nomes de utilizador e as credenciais divulgadas

iv.   O atacante utiliza ferramentas de enchimento automático de credenciais para testar as credenciais roubadas contra sites com bases de utilizadores que armazenam dados de elevado valor e informações pessoais identificáveis (IIP)

### 2.3.2.4 Roubo de Identidade

Este tipo de fraude é uma forma de personificação que envolve fraudadores que utilizam contas de correio electrónico, contas de utilizadores, nomes, endereços e dispositivos pessoais que os fazem aparecer como clientes legítimos, os fraudadores fazem depois compras fraudulentas para enganar os vendedores, levando-os a efectuar transacções que no final conduzem a perdas e a nenhuma receita feita. O roubo de identidade também pode acontecer

sob a forma de fraude roubando a identidade de retalhistas legítimos em linha, fazendo-se passar pelo seu logótipo, cores, nomes e marcas em geral para defraudar vítimas insuspeitas.

### 2.3.2.5 Fraude no teste de cartões

A fraude de teste de cartões também conhecida como cracking de cartões é uma técnica utilizada para defraudar tanto as empresas de comércio electrónico como os clientes. Acontece quando os actores da ameaça ganham acesso a números de cartões de crédito roubados depois de os adquirirem a partir de teias escuras ou plataformas semelhantes. Os infractores podem estar na posse dos números dos cartões de crédito, mas não sabem se os números dos cartões podem ser utilizados para fazer uma transacção ou o limite do cartão de crédito com sucesso.

Os infractores visitam depois websites de comércio electrónico para fazer pequenas compras de teste, utilizando sobretudo scripts ou bots para testar inúmeros números o mais rapidamente possível. As transacções iniciais envolvem pequenas quantias mas uma vez que se apercebem que o cartão pode fazer transacções com sucesso ou que o limite não foi atingido, fazem grandes compras. Os retalhistas on-line e clientes de comércio electrónico só se apercebem de que foram vítimas de fraudes de teste de cartões depois de terem reparado que várias compras significativas foram feitas utilizando os detalhes do seu cartão de crédito.

## 2.4 Abordagens de Análise Sentimental

As análises de sentimentos são técnicas de PNL que utilizam algoritmos computacionais para extrair informação subjectiva do texto escrito que pode identificar a força do tom positivo e negativo da mensagem (Gabarron et al., 2019). Isto implica que tais técnicas podem ser utilizadas para ajudar a compreender melhor o que as pessoas sentem sobre certos aspectos das suas vidas. No Twitter, a análise dos sentimentos expressos em relação à fraude no comércio electrónico pode ajudar as empresas em linha legítimas a investigar o que os clientes sentem sobre os seus produtos e, portanto, a ganhar vantagem competitiva.

Para determinar a orientação de uma determinada opinião, há dois tipos de técnicas que podem ser utilizadas; métodos baseados no léxico, bem como métodos de aprendizagem de máquinas (AbdelFattah et al., 2017). Os investigadores escolherão uma dada técnica com base nos recursos disponíveis e no objectivo da mão de pesquisa, outros factores em jogo incluem o volume e a velocidade dos dados. Há um equilíbrio sobre se uma é mais eficaz do que a outra.

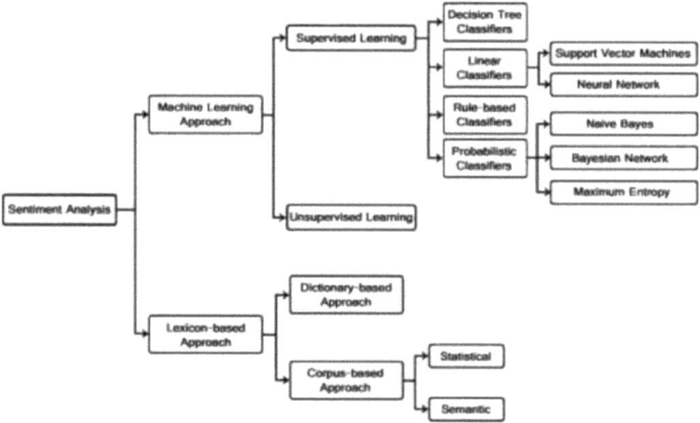


*Figura 3: Classificação das Abordagens de Análise Sentimental (Prakash & Aloysius, 2020)*

Tradicionalmente, a análise de sentimentos ou de opiniões tem incidido principalmente na classificação da polaridade dos sentimentos, ou seja, positiva ou negativa, tipicamente detectada por uma mensagem de abordagem de aprendizagem por máquina (Gabarron et al., 2019). A investigação actual tem-se centrado na intensidade da polaridade e não apenas em determinar se o resultado é positivo ou negativo. Isto dá uma compreensão mais precisa sobre a variável em estudo.

### 2.4.1 Aprendizagem mecânica

Os algoritmos de aprendizagem de máquinas utilizados na extracção de opinião estão ainda divididos em três categorias;

a)   Aprendizagem supervisionada; emprega o uso de técnicas de classificação, aqui os dados de formação são fornecidos rotulados em classes e os dados são depois utilizados para criar modelos que são utilizados para identificar ou descobrir dados ou relações desconhecidas. Há uma série de técnicas que são utilizadas em mineração de opinião, incluindo Naive Bayes, Support Vector Machines, e Multi-layer perceptron (Miwari, Singh, & Srivastava, 2015). O desafio com a aprendizagem supervisionada é a fase de formação no que diz respeito a grande volume de dados e velocidade que limita a precisão e o tempo.

**Quadro 1: Comparação de diferentes classificadores (Liu, Zhang & Yan, 2018)**

| Classificador | Vantagens | Desvantagens |
| --- | --- | --- |
| Árvore de decisão | Lida bem com características discretas ou categóricas; sem afinação de parâmetros | Incorporar novas instâncias é difícil; desempenhos deficientes em conjuntos de dados desequilibrados |
| KNN | Sem sincronização de parâmetros | Requer um grande espaço para armazenamento; a sua exigência de selecção de características é |

| | | elevada |
| --- | --- | --- |
| Naive Bayes | Converge rapidamente; alta precisão mesmo para pequenos conjuntos de dados; a incorporação de novas instâncias é fácil | Trabalhar apenas em características discretas |
| SVM | A sua complexidade é independente do número de características aplicadas | Requerem grandes conjuntos de dados de formação |

b) Aprendizagem sem supervisão: Ao contrário dos dados supervisionados, trata de dados não etiquetados, o modelo permite que um sistema descubra padrões e informações sem supervisão do utilizador. Os algoritmos são utilizados para extrair tópicos escondidos do texto do documento. Estes tópicos são considerados como características do documento (Gongalves et al., 2013). A maior desvantagem destas técnicas é o enorme volume de dados que requer formação para que se possa encontrar informação válida e útil.

c) A Aprendizagem Semi-supervisionada envolve técnicas que tentam minimizar as desvantagens tanto dos algoritmos de aprendizagem de máquinas não supervisionados como supervisionados, utilizando dados rotulados e não rotulados no processo de aprendizagem de máquinas de execução. Conceptualmente situado entre a aprendizagem supervisionada e não supervisionada, permite aproveitar as grandes quantidades de dados não rotulados disponíveis em muitos casos de utilização em combinação com conjuntos tipicamente mais pequenos de dados rotulados (van Engelen et al., 2020).

**2.4.2 Métodos baseados no léxico**

As abordagens baseadas no léxico utilizam um léxico de sentimento pré-preparado para pontuar um documento, agregando as pontuações de sentimento de todas as palavras (Kannan et al, 2016). Esta técnica calcula a orientação sentimental de uma frase a partir de uma orientação semântica de léxicos, tal como explicado por Gupta & Agrawal (2020). A orientação pode ser positiva negativa ou neutra, dependendo da opinião expressa utilizando um dicionário de léxicos, por exemplo, a WordNet popularmente utilizada pelos investigadores.

As abordagens baseadas no Lexicon são de dois tipos: métodos baseados no Dicionário e métodos baseados no Corpus;

i.Abordagem baseada em dicionários: Os métodos baseados em dicionário encontram as palavras de opinião dentro de um documento ou frase e depois procuram no dicionário os seus sinónimos e antónimos correspondentes (Feldman, 2013). Neste método é criado um dicionário tomando inicialmente algumas palavras, um dicionário online, um thesaurus ou WordNet pode ser utilizado para expandir o dicionário incorporando sinónimos e antónimos dessas palavras (Gupta & Agrawal, 2020). O dicionário se posteriormente for expandido até não ser possível acrescentar mais palavras.

ii.Abordagem baseada em Corpus: Os métodos baseados em corpus, por outro lado, são fornecidos com uma lista de palavras de opinião e pesquisam em todo o corpus palavras semelhantes com contexto relevante. Isto pode ser feito utilizando métodos estatísticos ou semânticos, como proposto por Anwar Hridoy et al., (2015). Na abordagem estatística, as palavras que mostram comportamento positivo são consideradas como tendo polaridade positiva enquanto as palavras que mostram recorrência negativa em textos negativos têm polaridade negativa (Gupta & Agrawal, 2020). Se a frequência é positiva nas duas polaridades, então a palavra é considerada polaridade negativa. A abordagem semântica, por outro lado, atribui valores sentimentais às palavras e às palavras que são semanticamente mais próximas dessas palavras (Gupta & Agrawal, 2020), o processo é feito associando sinónimos e antónimos em relação à respectiva palavra.

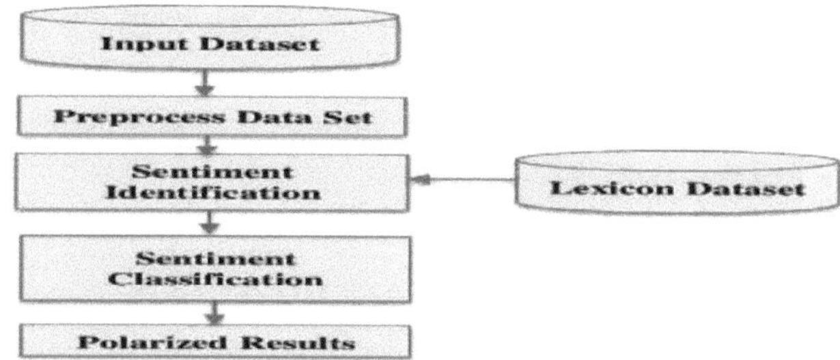


**Figura 4: Processos Gerais de Análise Sentimental baseada no Léxico (Sadia et al., 2018)**

## 2.5 Análise de Sentimento sobre a Percepção dos Utilizadores

Twitter é um SNS (serviço de redes sociais) que permite aos seus utilizadores enviar e navegar em mensagens de texto, baseadas em vários meios de comunicação, conhecidas como "tweets". Os tweets são visíveis publicamente por defeito, mas os remetentes podem proibir a entrega de mensagens a uma multidão limitada (Bhargava & Choudhary, 2018). Isto torna-a uma plataforma eficaz para os utilizadores expressarem os seus sentimentos e, por conseguinte, permite a análise dos sentimentos no tweet partilhado. Isto deve-se à grande quantidade de dados não estruturados e imparciais que está livremente disponível para investigação na prospecção e análise de dados. Na Análise de Sentimentos, a investigação anterior enfrentou desafios na incorporação de factores como a independência do domínio, ambiguidade e capacidade de detectar sarcasmo.

De acordo com Sumbeiywo (2018), a enorme quantidade de dados extraídos do Twitter seria um desafio para analisar sem automatização. Para tal, várias técnicas e modelos de processamento de linguagem têm sido empregues, incluindo ferramentas de mineração de opinião e Processamento de Linguagem Natural (PNL) que tais Análises Sentimentais. Foram utilizadas abordagens baseadas na aprendizagem mecânica e no léxico para determinar se as opiniões expressas são positivas negativas ou neutras, devido à sua proximidade com as línguas humanas naturais.

Nas suas pesquisas para a proposta de um léxico de avaliação automática do ensino para a análise do sentimento, Pong-Inwong e Rungworawut (2012) utilizaram SVM, ID3 e Naive Bayes para classificar os sentimentos da avaliação do ensino. O seu trabalho mostra a SVM a dar a pontuação mais alta, mas enfrenta o desafio de que o sistema automatizado não considerava palavras de opinião mais intensivas e estava também limitado à Língua Tailandesa. Isto limitou, portanto, a sua capacidade de funcionamento em diferentes domínios e línguas.

Rosenthal et al. (2015) participaram na tarefa Sem-Eval 2015 10: Sentiment Analysis on Twitter, propondo um modelo que utilizou um conjunto de dados de entrada constituído por tweets sobre tópicos gerais. Utilizaram a base de dados SentiWordNet para palavras de sentimento para remover o desequilíbrio de classe, uma vez que os tweets recolhidos se inclinavam na sua maioria para a classe neutra. O nível de polaridade foi atribuído aos tweets de entrada usando léxicos de sentimentos criados espontaneamente (Sadia et al., 2018).

Aung, K. Z. et al (2017) propuseram uma análise de sentimentos baseada no léxico dos comentários dos alunos para identificar se o feedback era positivo, negativo ou neutro com o objectivo de prever o desempenho do ensino. Criaram uma base de dados de sentimentos em inglês como fonte léxica para medir a polaridade das palavras. As palavras recentemente encontradas foram incluídas na lista de sementes e os loops do processo repetitivo até não serem encontradas palavras diferentes. Analisaram então os sentimentos incluindo palavras mais intensas do feedback do aluno para descrever o nível de polaridade, seja ela fortemente positiva, moderadamente positiva entre outros graus de polaridade.

Na sua pesquisa sobre análise comportamental de sentimentos depressivos sobre Twitter, Bhargava & Choudhary (2018) realiza análises de sentimentos em dados do Twitter usando a biblioteca Python's Natural Language Toolkit (NLTK) que fornece muitos corpora que ajudam na formação de classificadores e metodologias de PNL como tokenizing, part-of-speech tagging, lemmatizing, parsing e análise de sentimentos reais no conjunto de dados. O desafio enfrentado no método é que lidar com grande quantidade de dados pode ser incómodo e deixar oportunidades de falta de fiabilidade.

Kumar et al., (2020) propõem duas técnicas de aprendizagem de máquinas que são Naive Bayes e Support Vector Machines para realizar a análise dos sentimentos no Twitter. Utilizaram dois algoritmos, Naive Bayes e Support Vector com diferentes técnicas de featurização como o saco de palavras (arco) e o termo frequência - frequência de documentos inversa (tfidf). Após comparação de diferentes modelos e a sua precisão, escolheram o melhor para a análise dos sentimentos. O modelo tem contudo uma desvantagem devido ao facto de poder não ter um bom desempenho com um número crescente de classes, não sendo testado em nenhum domínio específico, pelo que a sua exactidão pode diminuir num domínio diferente.

Nas suas pesquisas para construir uma plataforma de detecção de perfis fraudulentos para perfis do Twitter, Ali e Albahar (2019) propõem um sistema modular robusto de detecção de fraude baseado em diferentes tipos de dados, ele criou três modelos diferentes para tipos de dados díspares extraídos das redes sociais. O facto de cada modelo ter uma combinação de várias abordagens tais como Naive Bayes, Qualitative Data Analysis (QDA), SVM, Decision Tree e Random Forest torna a abordagem muito adaptável a diferentes conjuntos de dados. Ao contrário da maioria dos métodos, este método pode funcionar em diferentes domínios problemáticos, devido à combinação de diferentes modelos.

De acordo com um relatório da Ericsson intitulado *"Um Futuro Comprometido Digitalmente"*, hoje um terço dos consumidores já se sente preocupado com a privacidade online. Três desafios fundamentais no centro das suas preocupações são a falta de controlo sobre os seus dados pessoais, o conhecimento insuficiente sobre traços digitais e a criminalidade em linha (Ericsson, 2021). Estas preocupações levantadas pelos consumidores a nível mundial não são infundadas, uma vez que uma investigação realizada por Norton mostra que 330 milhões de adultos em 10 países foram vítimas de cibercrime nos últimos 12 meses (Norton, 2021). Apesar de muitas empresas estarem bem posicionadas para poderem captar os mercados emergentes que o comércio electrónico pode abrir, factores como as preocupações generalizadas sobre fraude e segurança na Internet têm dificultado grandemente as perspectivas de negócios em linha (Khan, 2019).

### 2.6.1 Lacuna na Investigação

Numerosas investigações demonstram que na abordagem de análise dos sentimentos, confiar em mais do que um método de classificação é mais eficaz devido ao facto de que se uma técnica de classificação falhar, a outra pode ser utilizada. As lacunas e limitações na área da análise dos sentimentos nas redes sociais incluem algoritmos de incapacidade de medir a força de uma opinião e de escrutinar as opiniões expressas em advérbios. Outro desafio enfrentado pelas pesquisas anteriores tem sido a detecção da negação. Com base no facto de que a maioria dos algoritmos analisa palavras de opinião, declarações de negação como "a minha experiência Uber NÃO foi boa" podem ser mal interpretadas, concentrando-se na palavra-chave "boa" para dar uma polaridade positiva

Além disso, a análise dos sentimentos é restrita a domínios específicos e a actualização do dicionário é um procedimento pesado. A análise e os processos aplicados são bem sucedidos na identificação da polaridade da frase mas não do contexto, ou seja, uma frase pode incluir palavras positivas mas não significa necessariamente que a frase seja positiva e isso confundirá o classificador (Sadia et al., 2018). A questão da ambiguidade e a falta de interpretação do contexto, tal como ilustrado pelos trabalhos relacionados mencionados, limitaram a exactidão dos métodos de Análise de Sentimento.

Foi também observado que, embora o método supervisionado suplante no desempenho o método baseado no léxico, a desvantagem é que o desempenho do método supervisionado é extremamente dependente da excelência e do tamanho dos dados do exercício. Por outro lado, vários objectos léxicos parecem positivos no guião de um domínio, ao mesmo tempo que parecem negativos noutro domínio. A abordagem baseada no léxico é adequada para esta abordagem, uma vez que é mais compreensível para a mente humana, uma vez que cada palavra de opinião é primeiro computada isoladamente antes de se calcular a pontuação composta.

Esta investigação visa incorporar elementos-chave de uma opinião, ao contrário da investigação anterior que apenas tratava da semântica. A ferramenta SA proposta faz isto através da detecção de intensificadores, localização de palavras, negação, emojis, emoticons, capitalização e pontuação num sentimento. A análise dos sentimentos é feita em Tweets das opiniões dos consumidores de comércio electrónico no Twitter queniano, comummente conhecido como KOT sinónimo de quenianos no Twitter. O projecto visa também contribuir para o trabalho académico sobre o comércio electrónico e a fraude no contexto queniano, o qual foi considerado limitado durante a investigação,

**2.7 Plataforma de Análise de Sentimento Proposta**

Entre os desafios enfrentados no processo de Análise Sentimental automatizada está que as palavras de opinião implicam uma polaridade diferente quando utilizadas em diferentes domínios numa frase, especialmente em algoritmos de Aprendizagem Mecânica. A revisão bibliográfica mostrou que existe a limitação de que a maioria dos trabalhos anteriores são dependentes do domínio, o que inibe a exactidão das técnicas de Análise de Sentimento. O método baseado no léxico precisa de ter uma implementação que distinga as palavras com base no seu contexto utilizado para dar maior exactidão.

A investigação propõe uma plataforma que não só realiza a Análise de Sentimento no Twitter com base na análise das palavras de opinião, mas também outros aspectos dos sentimentos, tal como explicado na análise da lacuna. Isto inclui a detecção de intensificadores, negação, localização de palavras, emojis, pontuações, capitalização e emoticons para mostrar a extensão da polaridade de opinião. Isto é feito utilizando o VADER, uma ferramenta de Análise de Sentimentos baseada em léxico e em regras que incorpora tais aspectos de um sentimento para melhorar a exactidão.

A plataforma examina vários aspectos das palavras de opinião numa frase, incluindo;

i.Palavras de negação: Estas são palavras que invertem a polaridade de um sentimento, por exemplo não, nem, nem e nunca. Quando palavras de negação são encontradas numa frase, a opinião é detectada como sendo o oposto da palavra de opinião. Isto poderia incluir afirmações como "os *serviços Uber não são bons"*.

ii.Palavras mais intensas: Estas são palavras que podem amplificar uma palavra de opinião, exemplo incluem muito, extremamente, realmente, entre outras. Aumentam ou diminuem o grau de polaridade de um texto quando encontrado pelo algoritmo. O algoritmo deve ser capaz de diferenciar a polaridade com a introdução dos intensificadores numa afirmação por exemplo *' Os produtos Jumia são bons'* e *' Os produtos Jumia são muito bons'* mostra uma polaridade diferente

iii.localização da palavra: A posição de um determinado adjectivo num determinado sentimento determina a polaridade. A localização de uma palavra de opinião num determinado sentimento é também considerada, o que tem sido confuso para os anteriores classificadores de análise da SA supervisionada. Estes incluem sentimentos tais como *"Os condutores de parafusos são bastante descuidados"*. A palavra de opinião *'bonito'* é considerada e a sua posição no sentimento de modo a classificar erroneamente o sentimento como positivo.

A Plataforma de Análise Sentimental é representada esquematicamente na figura 5.

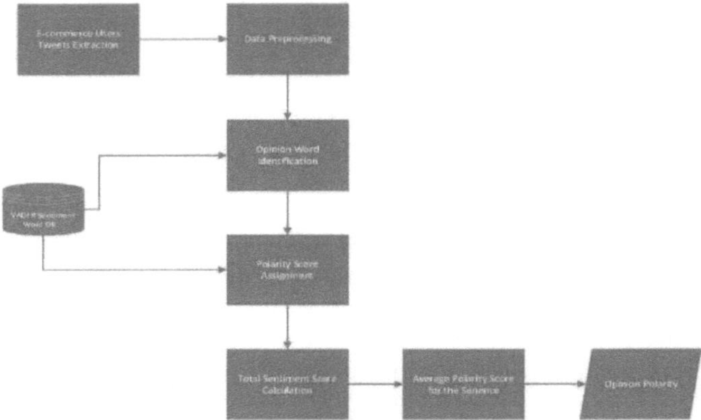


**Figura 5: Arquitectura da plataforma proposta**

## 1.8 Ferramenta de Avaliação e Validação da Análise Sentimental

De acordo com Malhotra (2019) Test Validity é o grau em que a teoria e as provas préexistentes apoiam a interpretação das pontuações dos testes. Os princípios de validade são utilizados para avaliar a fiabilidade e validade das SA como instrumento de medição. De acordo com Miyamoto e Ryff (2011), as duas funções populares utilizadas para avaliar a validade da Análise dos Sentimentos são a "Polaridade dos Sentimentos", que calibra o número de palavras negativas e positivas utilizadas. A outra função utilizada é a função "Parte da Fala", que procura as nove partes da fala numa frase. Pesquisas anteriores, como mostra que a função POS pode não ser eficaz no domínio do microblogging, como o Twitter, devido ao facto de a linguagem informal que poderia ser gramaticalmente incorrecta ser frequentemente utilizada (Miyamoto & Ryff, 2011).

## 1.9 Resumo do capítulo

Este capítulo reviu a literatura relevante em relação aos objectivos e conceitos principais da investigação, explicou as teorias fundacionais que constituem a base do tema da investigação e a relação entre eles. Isto destina-se a facilitar a investigação para se chegar a um algoritmo concreto e sólido baseado nas teorias existentes e experimentadas.

O estudo foi então mais longe para examinar e explicar trabalhos e técnicas anteriores relacionadas, utilizadas na análise dos sentimentos dos meios de comunicação social, destacou os seus pontos fortes, fracos e recomendações, tal como delineados pelos seus respectivos autores. A análise analisou aspectos-chave de cada um dos objectivos, examinando várias técnicas de engenharia social e de personificação no que diz respeito à finalidade da investigação.

# CAPÍTULO 3

## METODOLOGIA

### 3.1 Introdução

Este capítulo analisou as metodologias que foram utilizadas na realização do processo de investigação. Descreve os passos que foram dados no processo de recolha de dados, o método de extracção e análise dos dados utilizando os instrumentos relevantes necessários para os objectivos da investigação. O capítulo explica todo o procedimento desde o primeiro passo da extracção de dados do Twitter, utilizando a ferramenta de extracção de dados Twint e as bibliotecas Python para a criação do ambiente de desenvolvimento. O capítulo explica ainda o processo de Análise de Sentimento e as etapas envolvidas desde o pré-processamento, análise e produção dada posteriormente.

### 3.2 Desenho de investigação

A concepção da investigação foi de natureza experimental, procurando compreender a relação entre as experiências dos utilizadores do comércio electrónico e a sua atitude em relação ao comércio electrónico, seguida de análise de dados numa plataforma proposta para observar os resultados. Trata-se de uma concepção causal em que o estudo de investigação pretende descobrir o impacto da fraude em linha na forma como os referidos utilizadores dos meios de comunicação social reagem ao comércio electrónico em geral, com base na satisfação do cliente ou na sua falta.

Para determinar a polaridade de opinião dos utilizadores do comércio electrónico, os dados do Twitter foram extraídos da plataforma Social Media, pré-processados e analisados para determinar a polaridade dos sentimentos, sejam eles positivos ou negativos. O Twitter foi preferido como fonte de dados devido ao facto de a maioria dos quenianos que efectivamente interagem com o comércio electrónico o utilizarem como uma ferramenta para comunicar com os fornecedores de serviços e também para expressar o seu feedback.

### 3.3 População e Amostragem

### 3.3.1 População

A população deste estudo foram os utilizadores quenianos do Twitter de todas as raças, grupos etários, género e estatuto socioeconómico que podem ter feito Tweets relativamente à sua experiência de comércio electrónico no Twitter. A população alvo deve ser limitada àqueles que utilizaram as palavras de pesquisa e hashtags, tal como descrito nas próximas secções deste capítulo. De acordo com Wamuyu (2020), Vinte e setenta por cento dos quenianos utilizam o Twitter, o que significa que quase um terço da população queniana se envolve na plataforma dos meios de comunicação social, tornando-a uma fonte adequada de prospecção de dados. Para estabelecer os tipos de fraude no comércio electrónico, a população consistiu em 61 inquiridos de um inquérito que foi realizado em linha utilizando formulários Google.

### 3.3.2 Desenho de amostragens

É impossível distinguir um subconjunto de utilizadores do Twitter que twitam sobre fraudes no comércio electrónico do resto dos tweets. Subsequentemente, a população do Twitter na esfera dos meios de comunicação social quenianos deverá ser utilizada neste estudo. Isto é feito tendo em conta todos os tweets que enviaram as amostras relevantes utilizando palavras-chave específicas relacionadas com o comércio electrónico e a fraude no comércio electrónico. A amostragem propositada deve ser utilizada para seleccionar as características que podem ser utilizadas neste estudo, isto é feito utilizando perfis de utilizadores do Twitter que se tenham envolvido no comércio electrónico utilizando palavras-chave e hashtags relevantes.

### 3.4 Método de recolha de dados

Twint, que é uma abreviatura para Twitter Intelligence Tool, é uma ferramenta avançada de eliminação do Twitter e OSINT escrita em Python, que permite eliminar os Tweets dos utilizadores do Tweeter sem a necessidade de API do Twitter. Twint foi preferido para este estudo devido ao facto de ultrapassar a limitação API padrão do Twitter, na medida em que pode ir buscar uma quantidade ilimitada de tweets durante um longo período de tempo. Além disso, o Twint não necessita de configuração prévia e pode ser utilizado anonimamente, uma vez que não precisa de se ligar à sua conta pessoal, pode ser instalado através de simples comandos de importação.

Twint aplica os operadores de pesquisa do Twitter para permitir a eliminação de Tweets de utilizadores particulares, Tweets associados a tópicos específicos, tendências e hashtags. Os termos de pesquisa utilizados são os nomes das lojas de retalho online utilizadas activamente no ambiente do comércio electrónico, incluindo Jumia, Kilimall, OLX, e hashtags como #buyerbeware, #onlineFraud e #WiziKE. Isto porque os utilizadores de compras em linha utilizam tais termos quando expressam os seus sentimentos relativamente às suas experiências e, na maioria dos casos, marcam as palavras-chave mencionadas quando expressam os seus sentimentos.

Os nomes dos retalhistas em linha foram utilizados neste estudo como palavras-chave porque a maioria das fraudes de personificação e engenharia social ocorrem por cibercriminosos que se fazem passar por entidades legítimas para enganar clientes insuspeitos. Em alguns casos, os verdadeiros retalhistas em linha forneceram efectivamente produtos falsos ou foram utilizados pelos seus empregados para oferecer serviços e produtos de qualidade inferior. Isto é ainda demonstrado nos subtópicos seguintes. Para além dos dados utilizados na Análise de Sentimento que foram extraídos do Twitter, também foram recolhidos dados utilizando um inquérito online para estabelecer os diferentes tipos de engenharia social e fraudes de imitação experimentados no Quénia para cumprir o objectivo número um.

### 3.5 Procedimentos de Investigação

Para utilizar o Twint na extracção de dados, ao contrário do API Standard, não havia necessidade de criar uma conta no Twitter, o que proporcionava o anonimato tão necessário para a investigação. O primeiro passo para a instalação do Twint foi dado através da importação das bibliotecas necessárias, tal como explicado no capítulo de implementação.

Foi identificada uma lista de palavras-chave relevantes que foram utilizadas na extracção de dados, de acordo com o quadro abaixo. As palavras-chave eram palavras associadas ao comércio electrónico por utilizadores quenianos do Twitter;

| Número | Palavras-chave |
| --- | --- |
| | #buyerbeware |
| | #OnlineFraud |
| | #WiziKE |
| | Jumia |
| | Kilimall |
| | Rupu |
| | Jiji |
| | Glovo |
| | Uber come |
| | pigiame |
| | Uber |
| | Parafuso |
| | KPLC |

**Tabela 2: Palavras-chave para extracção de dados do Twitter**

Após a identificação das palavras-chave, a ferramenta de eliminação de dados Twint foi utilizada para recolher dados do Twitter utilizando operadores de busca no Twitter. Os dados foram extraídos durante um período de Três meses, de 1 de Maio de 2021 a 31 de Julho de 2021, e armazenados num ficheiro CSV. O conjunto de dados final consistiu em 9595 linhas e 39 colunas cada linha contendo Tweet tagging as palavras-chave que tinham sido pré-definidas.

O passo seguinte foi o pré-processamento dos dados para os tornar mais adequados para análise; depois de os dados terem sido extraídos, as colunas desnecessárias foram largadas, uma vez que não seriam utilizadas. Os dados restantes foram então limpos, removendo o conteúdo indesejado que não acrescentava qualquer valor à análise, incluindo palavras de paragem, duplicados e símbolos, tal como se encontra tabelado abaixo;

| Passos | Procedimento |
|---|---|
| 1. | precisamos de remover as etiquetas Html usando a biblioteca python embutida |
| 2. | Removendo pontuações ['"?!,. ():] e caracteres especiais como '-', ':', ',', '\' etc. |
| 3. | Aceitar apenas as palavras que são compostas por letras inglesas e não são alfanuméricas |
| 4. | Normalmente palavras com menos de dois caracteres não dão qualquer sentido, por isso é melhor removê-las |
| 5. | Conversão de toda a palavra para minúsculas |
| 6. | Parar as palavras apenas aumenta o tamanho dos dados, por isso é melhor removê-las também. Incluem palavras como "o, é, em, e que", utilizando o guião python |
| 7. | Por fim, a palavra para conter as palavras |

**Quadro 3: Procedimento de pré-processamento de dados (Kumar et al., 2020)**

Após o pré-processamento dos dados, estes foram posteriormente categorizados em ID de utilizador, Tweet e data para análise posterior, que eram o interesse da investigação.

### 3.6 Métodos de análise de dados

A análise dos sentimentos é uma técnica amplamente utilizada na prospecção de dados e no processamento de informação. Vários estudos foram feitos no passado para acompanhar as actividades do utilizador numa plataforma de meios de comunicação social como o Twitter para obter a percepção geral ou resposta de uma pessoa em relação a uma determinada entidade, tais como produtos, serviços, organizações, indivíduos, partidos políticos, etc. (Kumar et al., 2020). Nenhuma Análise de Sentimento está ainda por dar uma precisão de 100 por cento, mas o grau varia entre 75 por cento como por Khoo & Johnkhan (2018) e outros investigadores como Yunitasari et al., (2019) conseguiram atingir uma precisão de 80,4 por cento.

Para atingir o objectivo principal desta investigação, que está a realizar uma análise dos sentimentos dos utilizadores em relação ao comércio electrónico com base nos seus tweets, sejam eles positivos ou negativos, os dados são analisados utilizando VADER (Valence Aware Dictionary and sEntiment Reasoner), uma biblioteca Python que emprega uma abordagem baseada no Lexicon para o processamento de texto. VADER é eficiente na medida em que mostra o grau de polaridade de um texto conhecido como Modalidade em é análise de sentimentos. VADER também nos permite tornar os nossos resultados independentes do domínio que é uma técnica que trabalhos anteriores não foram capazes de alcançar.

VADER é uma biblioteca Python de código aberto utilizada para Análise Sentimental baseada em Léxico, a sua funcionalidade SA dá um valor de polaridade entre -1 para muito negativo, 0 para neutro e 1 para positivo. Um texto é introduzido em VADER e baseado nas palavras de opinião e posição da palavra num texto, devolve um valor de polaridade. VADER tem em consideração regras de composição tais como intensificadores e negação, o que implica que a presença de um intensificador amplia o valor de polaridade de uma frase, pelo que o grau de polaridade pode ser determinado. Por exemplo, ao introduzir 'I got good Uber service' como uma frase, VADER analisará as palavras de opinião no texto e encontrará uma que seja 'boa'. Por outro lado, se introduzirmos o texto 'O serviço foi muito bom', VADER identifica a palavra de opinião presente e usa 'muito' como intensificador e depois multiplica a pontuação da sua intensidade, devolvendo assim uma pontuação de polaridade mais positiva.

O VADER é também preferido para este estudo devido à sua aplicabilidade ao texto dos meios de comunicação social, que é na sua maioria informal. Na pontuação de polaridade composta, incorpora emojis, emoticons, slung, pontuações e capitalização. VADER é também independente do domínio como uma Análise de Sentimento na medida em que as palavras são interpretadas com base no contexto que são e na posição da palavra opinião num sentimento que tem sido um desafio à investigação anterior relacionada. VADER também não requer quaisquer dados de formação, uma vez que é construído a partir de um léxico de sentimento padrão de ouro generalizável, baseado em valências e curado pelo homem (Parul, 2018).

A Análise de Sentimento deu a pontuação de polaridade calculada dos Tweets dentro do intervalo de - 1 e 1 para mostrar os Tweets mais negativos e mais positivos. Todo o processo foi conforme tabulado abaixo;

| Procedimento | |
|---|---|
| Entrada | Conjunto de dados extraídos do Tweet |
| Saída | Tweet Categorizado em positivo, neutro, negativo e o valor de pontuação de cada tweet |
| | Definição de palavras-chave |
| | Cada tweet extraído |
| | Pré-processamento de dados para limpeza de dados |
| | Análise do termo presença e presença de palavras de cada tweet |
| | Análise da palavra |
| | Cálculo da pontuação para cada Tweet |
| | Apresentação visual dos resultados da Análise dos Sentimentos |

**Tabela 4: Análise Sentimental dos dados do Twitter**

### 3.7 Considerações éticas

A pesquisa utilizou dados disponíveis publicamente no Twitter, pelo que não houve necessidade de permissão do utilizador. Para proteger a identidade dos utilizadores, os autores dos tweets não foram exibidos, mas sim os números únicos utilizados. Além disso, os dados recolhidos no inquérito não envolveram a utilização do nome ou e-mail dos inquiridos, mas, por conseguinte, a privacidade é assegurada. Todo o trabalho desde a recolha de dados até à análise foi feito com absoluta confiança e transparência, de acordo com as políticas da universidade.

Além disso, a análise dos dados foi feita através de processo automatizado, o que implica, portanto, que as hipóteses de exagero e de influenciar o resultado são eliminadas para a independência da investigação. Qualquer utilização de ferramentas na investigação é mencionada ao longo da investigação para oferecer transparência e clareza

### 3.8 Resumo do capítulo

Este capítulo explicou em pormenor o processo de identificação, extracção, pré-processamento e análise dos dados requeridos por esta investigação. A população alvo e os métodos de amostragem utilizados, os métodos de recolha de dados são elaborados, a linguagem de programação utilizada e os mecanismos de interacção entre as diferentes plataformas e ferramentas utilizadas.

O capítulo vai mais longe para explicar os processos envolvidos no método de análise, tal como demonstrado no motivo pelo qual este desenho de pesquisa em particular foi preferido pelo escritor. A consideração ética posta em perspectiva também é explicada para demonstrar a integridade dentro da qual a investigação deve ser levada a cabo.

# CAPÍTULO 4

## IMPLEMENTAÇÃO

### 4.1 Introdução

Esta investigação desenvolveu uma plataforma para a realização de Análise Sentimental sobre o efeito da fraude em linha na percepção dos utilizadores do comércio electrónico. Este capítulo especifica as funcionalidades do sistema, entradas, saídas, valores de dados e fontes associadas; isto é uma ilustração aprofundada sobre a forma como a ferramenta foi implementada. O capítulo está dividido em subtópicos que cobrem a Análise de Requisitos, concepção do sistema, implementação de algoritmos, testes e, finalmente, o sumário do capítulo.

### 4.2 Análise dos requisitos

A Análise de Requisitos pode ser definida como o processo de definição das expectativas dos utilizadores para uma aplicação que vai ser construída ou modificada. As características definidas nesta fase devem ser quantificáveis, detalhadas e relevantes para facilitar a compreensão. Para esta investigação, o objectivo era desenvolver uma plataforma que infere a polaridade dos sentimentos dos utilizadores com base na pontuação calculada; o valor de polaridade varia entre -1 para muito negativo, 0 para neutro e 1 para positivo.

### 4.2.1 Requisitos funcionais

Estes são os requisitos funcionais que estão incorporados na plataforma;

i.   A plataforma deve capturar as palavras-chave e as palavras de opinião a serem utilizadas como parâmetros para determinar a polaridade.

ii.   A plataforma deve ocultar a identidade dos utilizadores do Twitter, atribuindo a cada perfil de
um número de identidade único do utilizador.

iii. A plataforma deve pré-processar os dados obtidos do twitter para os tornar mais utilizáveis na análise.

iv.  A plataforma deve extrair os Tweets relevantes e armazená-los em formato Comma Separated Values (CSV).

v.   A plataforma deve realizar a Análise de Sentimento e atribuir pontuações compostas computadas e categorizar os dados do sentimento em positivos, neutros e negativos.

## 4.2.2 Requisitos Não Funcionais

Os requisitos não-funcionais são categorizados como abaixo;

### i. Usabilidade

Os utilizadores destinados à plataforma proposta são consumidores de comércio electrónico, nomeadamente consumidores e retalhistas em linha e aqueles que geralmente interagem com o comércio electrónico; devem ser capazes de compreender o ambiente do comércio electrónico utilizando o algoritmo.

### ii. Escalabilidade

A plataforma deve ser capaz de proporcionar escalabilidade a outras plataformas de comunicação social, tais como Facebook e Instagram, com modificações limitadas para aumentar a sua funcionalidade para um domínio maior.

### iii. Disponibilidade

Uma vez que os utilizadores relevantes podem aceder ao sistema online em qualquer altura, devem poder utilizá-lo 24 horas por dia, 7 dias por semana.

### iv. Capacidade de manutenção

Se houver um componente que necessite de fixação ou alterações necessárias para melhorar o desempenho, o algoritmo deve ser facilmente adaptável a um ambiente em mudança.

## 4.3 Representação Diagramática da Plataforma

A arquitectura do sistema mostra a disposição da implementação da plataforma para calcular a polaridade do conjunto de dados do tweeter utilizado nesta pesquisa e os componentes envolvidos. O modelo de sistema refere-se à representação gráfica de diferentes perspectivas de um sistema normalmente feito através da Unified Modeling Language (Mallya, 2016). Os vários diagramas UML mostram a interacção de vários componentes da plataforma;

## 4.3.1 Diagrama de casos de utilização

Estes são diagramas que ilustram as diferentes acções que são realizadas pela plataforma mostrando a interacção entre os actores do sistema e as suas acções. Dois actores envolvidos no sistema são, nomeadamente:

i) Sistema: A plataforma de Análise Sentimental com os seus vários módulos que realizam funcionalidades-chave para cumprir o objectivo de investigação de determinar a polaridade dos sentimentos.

ii) Utilizadores do sistema: Os diferentes intervenientes interessados em utilizar o sistema na sua investigação das tendências do comércio electrónico.

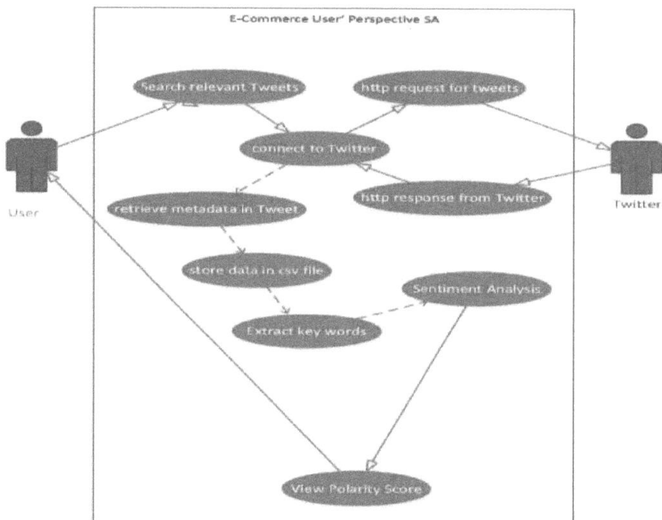


**Figura 6: Diagrama do caso de utilização da plataforma**

**4.3.2 Diagrama de fluxo**

Os fluxogramas representam a progressão passo a passo dos processos na plataforma em cada etapa, do início ao fim;

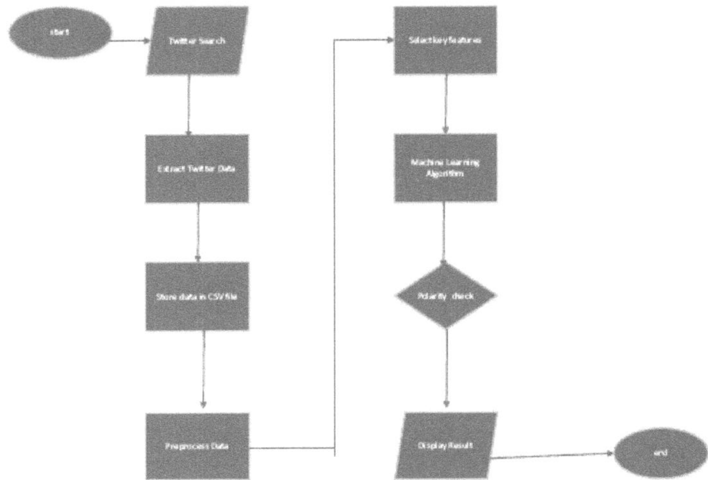


**Figura 7: Diagrama de Fluxograma de Algoritmos**

## 4.3.3 Diagrama de Contexto

O diagrama de contexto na figura 8 representa os processos de alto nível num sistema sem entrar em detalhes mais finos. Mostra as relações entre as diferentes entidades da plataforma. As duas

As entidades mostradas são o utilizador da plataforma e o Twitter de onde os dados são extraídos para fornecer entrada enquanto o algoritmo dá uma saída aos utilizadores.

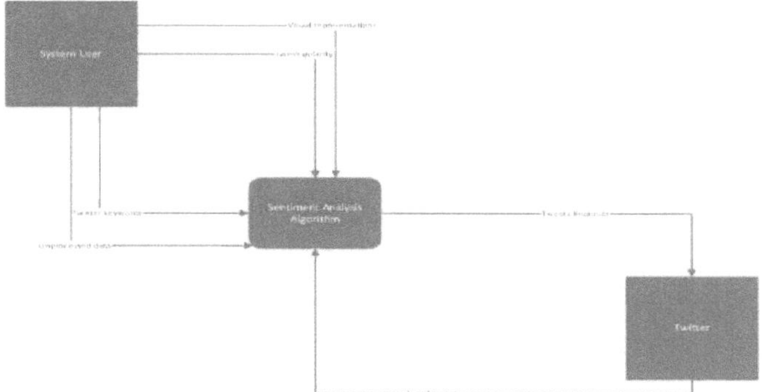


**Figura 8: Diagrama de Contexto**

## 4.4 Tecnologias e Ferramentas Aplicadas

As seguintes ferramentas e tecnologias foram utilizadas na implementação desta plataforma de projecto para alcançar os seus objectivos:

**Python**

É uma linguagem de programação de alto nível para fins gerais. A sua construção, bem como a sua abordagem orientada para o objecto, visam ajudar os programadores a escrever um código claro e lógico para projectos de pequena e grande escala.


**Google Colab**

Este é um ambiente interactivo que permite escrever e executar código python através do navegador e é altamente adequado para a aprendizagem de máquinas e análise de dados devido à exigência de configurações mínimas e acesso livre a numerosos recursos informáticos.

**Bibliotecas**

•   Matplotlib - Uma biblioteca de gráficos para a linguagem de programação Python que fornece uma API orientada a objectos para a incorporação de gráficos em aplicações utilizando conjuntos de ferramentas GUI de uso geral como Tkinter, wxPython, entre outros
•   Seaborn - Uma biblioteca Python de código aberto construída em cima de matplotlib utilizada para visualização de dados e análise exploratória de dados.

• Pandas - Uma biblioteca de software escrita para a linguagem de programação Python para manipulação e análise de dados.
• NumPy - Biblioteca para a linguagem de programação Python, adicionando suporte para matrizes e matrizes grandes e multidimensionais, juntamente com uma grande colecção de funções matemáticas de alto nível para operar nestas matrizes.
• NLTK (Natural Language Toolkit) - É um conjunto de bibliotecas e programas para processamento de linguagem natural simbólica e estatística (PNL) para inglês escrito com linguagem de programação Python.
• Sklearn - Sklearn é uma biblioteca chave para a linguagem de programação python que é tipicamente utilizada em projectos de aprendizagem de máquinas. Contém muitas ferramentas eficientes para aprendizagem de máquinas e modelação estatística, incluindo classificação, regressão, e agrupamento e redução da dimensionalidade.

**Twint**

É uma ferramenta avançada de raspagem do Twitter e OSINT escrita em Python que permite raspar os seguidores do utilizador, seguidores e Tweets, sem se limitar à maioria das limitações API, tais como duração e número máximo.

**Luva**

Global Vectors for Word Representation, ou Glove, é um algoritmo de aprendizagem não supervisionado para a obtenção de representações vectoriais de palavras. A luva permite-nos utilizar um dicionário de texto e converter intuitivamente cada palavra desse corpus numa posição num espaço de alta dimensão.

## 4.5 Implementação da Plataforma

A fase inicial foi a de criar as bibliotecas necessárias que serão utilizadas pela plataforma no Processo de Análise de Sentimentos, estas foram importadas da seguinte forma;

```
[ ] # Importing the necessary libraries
    import numpy as np
    import pandas as pd
    import matplotlib.pyplot as plt
    import seaborn as sns
    import re
    import time
    import string
    import warnings


[ ] !pip3 install -U nltk[twitter]
```

```
[ ] # for all NLP related operations on text
    import nltk
    from nltk.corpus import stopwords
    from nltk.tokenize import sent_tokenize, word_tokenize
    from nltk.sentiment.vader import SentimentIntensityAnalyzer
    from nltk.stem import WordNetLemmatizer
    from nltk.stem.porter import *
    from nltk.classify import NaiveBayesClassifier
    from wordcloud import WordCloud

    from sklearn.feature_extraction.text import CountVectorizer, TfidfVectorizer
    from sklearn.linear_model import LogisticRegression
    from sklearn.model_selection import train_test_split
    from sklearn.metrics import f1_score, confusion_matrix, accuracy_score
    from sklearn.svm import SVC
    from sklearn.naive_bayes import GaussianNB


[ ] # To identify the sentiment of text
    from textblob import TextBlob
    from textblob.sentiments import NaiveBayesAnalyzer
    from textblob.np_extractors import ConllExtractor
```

Figure 9:      Importação de Bibliotecas SA Necessárias

## 4.5.1 Extracção de dados

Os tweets foram extraídos usando Twint, que é uma ferramenta avançada do Twitter Scrapping escrita em Python entre 1 de Maio de 2021 e 31 de Julho de 2021, como mencionado anteriormente. O conjunto de dados consistiu em 9595 linhas e 39 colunas que foram armazenadas num ficheiro CSV. Os dados consistiam em Tweets da duração mencionada, consistindo em palavras relacionadas com as Palavras-chave, tal como definidas pelo pesquisador. Twint foi preferido devido aos numerosos benefícios que tem em relação à API do Twitter, anteriormente amplamente utilizada, tais como fácil configuração, sem limites para o Tweets Fetched e pode ser utilizado anonimamente sem Twitter Inscreva-se apenas importando as bibliotecas necessárias.

Os dados consistiam em várias colunas que não eram necessárias para efeitos de investigação, tais como data de criação do Tweet, fotos associadas e número de respostas, entre outras. Estas colunas foram abandonadas pelo algoritmo por terem sido consideradas desnecessárias, o que permitiu que o Pré-processamento de Sentimentos se concentrasse nos dados utilizados no Processo de Análise de Sentimentos. As colunas foram retiradas como mostrado;

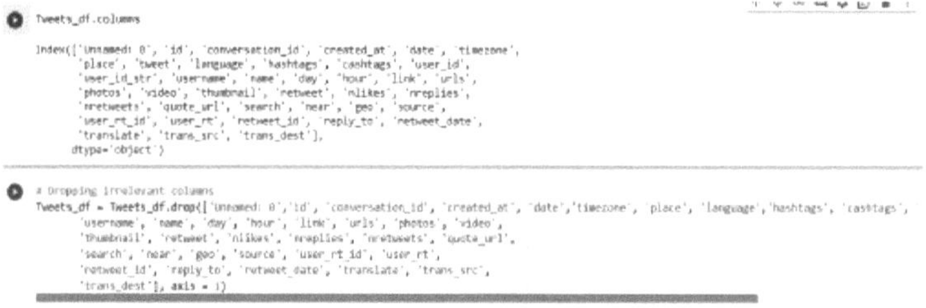

Figure 10:    Deixar cair as Colunas Irrelevantes

A figura abaixo mostra os dados extraídos quando utilizamos a palavra-chave Jumia Kenya como uma plataforma que a maioria dos utilizadores do comércio electrónico menciona nos Tweets, de acordo com a investigação. O mesmo foi feito utilizando todas as palavras-chave associadas ao espaço de comércio electrónico queniano, tal como mencionado no Capítulo três da metodologia.

O diagrama seguinte ilustra o processo pelo qual os dados que foram carregados para o Pandas a partir do ficheiro CSV;

aba88> @JumiaKenya  https://t.co/gsi4KZwobi
36> @JumiaKenya Unga wa dola 1 bob @MaryamA72122131  @MrMaujuzi  #JumiaGiveaways #JumiaClearanceSale
N> @JumiaKenya Orderno: 33761778b, the Mark item below is missing, please help. Thank you.  https://t
ichael> @JumiaKenya what the hell did I just see?  https://t.co/ttg3DGvEY1
ty_star> @JumiaKenya kujeni hapa tumewashika. Hii tabia itaisha.   #BudaBossStory  https://t.co/xl2ip
Ronalds> @JumiaKenya My favourite Black Friday deal was Gilbeys Original which was 399 bob at 9am of .
Cares> @JumiaKenya 0702058370 mnipigie I wanted to order that product but hio part it was not clear t
nya> New week new monster energy. Win a Jumia Hamper with Monster energy merch!   To win:  1. Tell
05910471> @JumiaKenya that is the number and i want to change to another one  https://t.co/tBfUEQvv3Q
nya> Happy new week tweeps. Take advantage of the Black Friday mega Clearance sale to save big this w
n4> @JumiaKenya @kilimall ufala wanatubeba  https://t.co/7Igqk4gBMI
uel> @JumiaKenya My order below has never been delivered, all I got is calls from your guys who say t
areey> @JumiaKenya I was so excited about the 50% off everything until I got to the check out and saw
Kenya> The 20,000 mAh 18W Redmi Fast Charge Power Bank is the perfect travel partner. It has two USB-
s254_> On @JumiaKenya, for instance, the Jikokoa Classic Stove (Black) is going for 3,290 shillings f
d> @JumiaKenya Hivi ndo tunachezwa!  https://t.co/GoPEEZtNQU
e> @JumiaKenya I got 13/- cashback from airtime purchase couple nights ago. But that amount wasn't sh
_> @JumiaKenya I am experiencing an error while checking out to pay for my shopping. Kindly assist AS
Githaiga> @JumiaKenya  https://t.co/swuGTYtWqs
amAfrica> Are you dealing with chronic neck and shoulder pain? Shika a pair of Memory Foam Pillows fo
sam> @JumiaKenya scam of the year I got the cow but I couldn't put it in the cart jumia is a great sc
_Vu> @JumiaKenya kwani mnauza adi meffi, ama wadau hii ni nini??  https://t.co/tzeZ
ale> @JumiaKenya  is this you ?  https://t.co/3aYbUyZFUm
87429888> @JumiaKenya @AnnitahAnnitah Am  very sorry for that you have handle my purchases, the refun
87429888> @JumiaKenya @AnnitahAnnitah Who will refund the loss  https://t.co/4mp826Cnuk
87429888> @JumiaKenya @TheReal DjRakim  https://t.co/32MRbWnQRO
aura> @JumiaKenya Why were there cancelled????  https://t.co/J0gDUWIocF
kiplagat> @JumiaKenya This is the order status  https://t.co/ywuga22pam
skTV> Jumia Vendors' product sponsorship will run your pockets dry. Keywords are set to Automatically
a> My very first 'What was ordered vs What was delivered' Hey @JumiaKenya i don't wear leggings  h
ychild> @JumiaKenya Habari zenu. what do you have to say about this. Due research my people. in the n

**Figure 11:     Amostra de dados extraídos**

O outro conjunto de dados foi recolhido a partir do questionário do inquérito para estabelecer os tipos de fraude no comércio electrónico experimentados pelos utilizadores do comércio electrónico. Tal como mencionado nos objectivos, o estudo limitou-se às técnicas de Impersonificação e Engenharia Social nas suas várias formas como os métodos estudados nesta investigação. Os dados demográficos foram recolhidos de 61 inquiridos que participam regularmente em transacções de comércio electrónico, respondendo a um questionário pré-definido no formulário Google, tal como demonstrado;

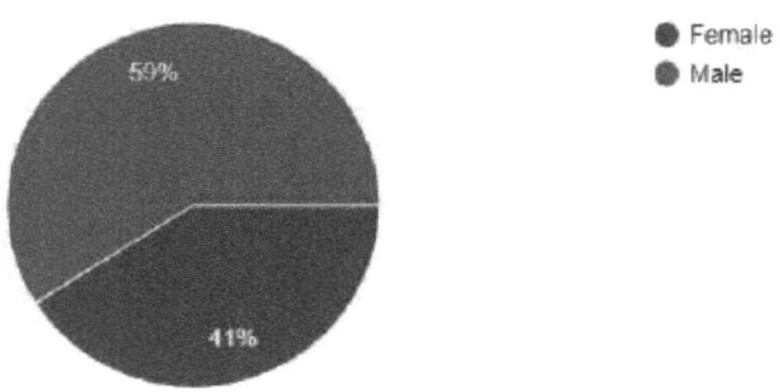


**Figura 12: Género dos inquiridos**

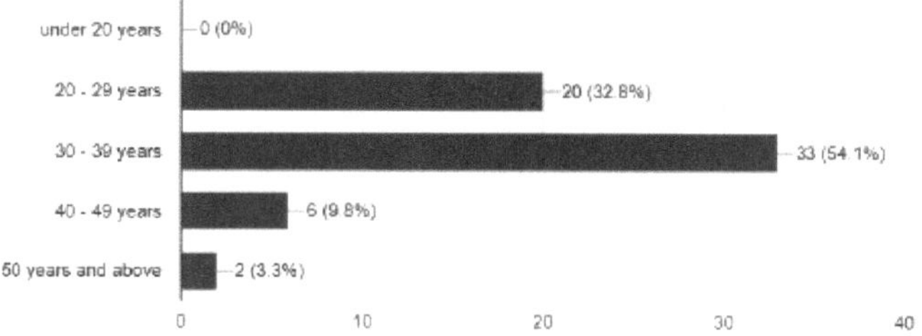


Figura 13: Idade dos Respondentes

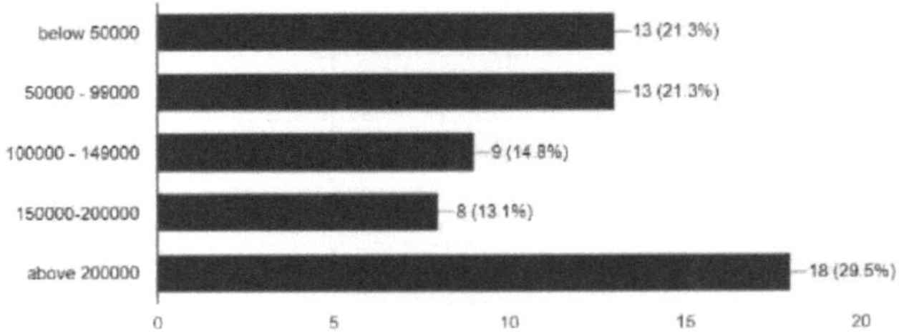


Figura 14: Nível de rendimento dos inquiridos

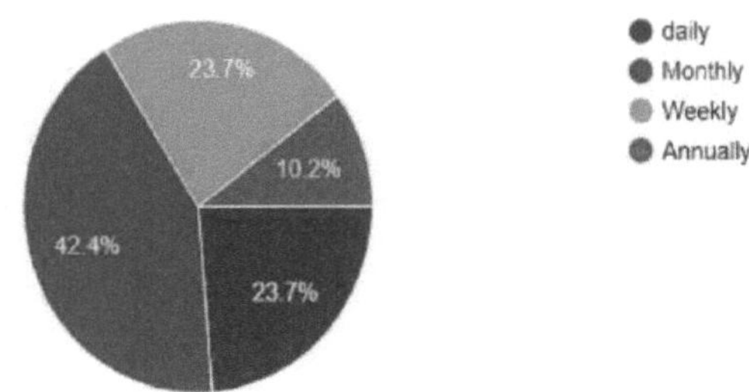


Figura 15: Frequência de participação no comércio electrónico

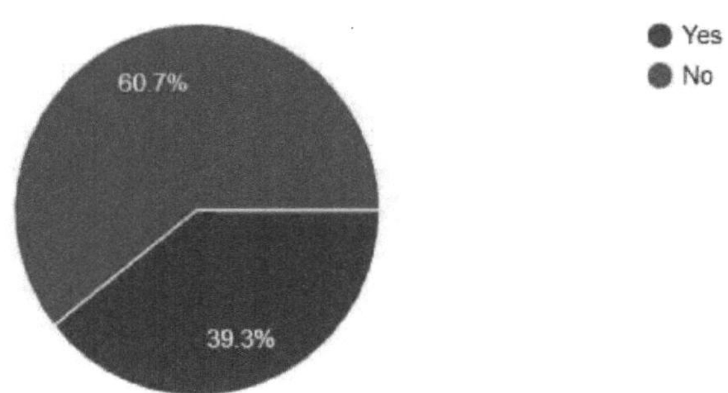


Figura 16: Vítima de fraude online

## 4.5.2 Pré-processamento de dados

Para tornar os dados mais utilizáveis para a Análise Sentimental, foram pré-processados e limpos para remover informações irrelevantes em cada Tweet. Após terem sido retiradas colunas desnecessárias do ficheiro de dados extraído; com as restantes colunas, a limpeza dos dados para fazer uma análise mais eficaz de modo a que os Tweets fossem classificados com precisão foi feita de modo a que espaços, ligações, duplicados e caracteres fossem removidos. Parte desta limpeza de dados é mostrada como na figura abaixo;

```
cleaned_tweets = []

for index, row in Tweets_df.iterrows():
    # Here we are filtering out all the words that contains link
    words_without_links = [word for word in row.tidy_tweets.split() if 'http' not in word]
    cleaned_tweets.append(' '.join(words_without_links))

Tweets_df['tidy_tweets'] = cleaned_tweets
Tweets_df.head(10)
```

Text Pre-Processing using key words

```
[ ] def remove_pattern(text, pattern_regex):
        r = re.findall(pattern_regex, text)
        for i in r:
            text = re.sub(i, '', text)

        return text


[ ] # # We are keeping cleaned tweets in a new column called 'tidy_tweets'
    Tweets_df['tidy_tweets'] = np.vectorize(remove_pattern)(Tweets_df['tweet'],"@[\w]*")
    Tweets_df.head(10)
```

**Figure 17:     Procedimento de pré-processamento de dados**

## 4.5.3 Tokenization

A Tokenização foi então feita basicamente dividindo os tweets em unidades menores com significado, e mais tarde convertendo-os em lemma; reduzindo a forma infleccional das palavras à forma base de palavras que podem ser efectivamente interpretadas pelo algoritmo;

```
Tokenize 'absolute_tidy_tweets'

] tokenized_tweet = Tweets_df['absolute_tidy_tweets'].apply(lambda x: x.split())
  tokenized_tweet.head()

  0    [figure, underestimates, real, extent, ecommer...
  1    [Get, experience, immersive, listening, wherev...
  2    [Good, morning, Nairobi, Kenya, Order, fruits,...
  3    [Smiling, way, freezer, knowing, enough, space...
  4    [Keep, calm, Rock, On, You, get, Vacuum, Bottl...
  Name: absolute_tidy_tweets, dtype: object


Converting words to Lemma

] word_lemmatizer = WordNetLemmatizer()

  tokenized_tweet = tokenized_tweet.apply(lambda x: [word_lemmatizer.lemmatize(i) for i in x])
  tokenized_tweet.head()

  0    [figure, underestimate, real, extent, ecommerc...
  1    [Get, experience, immersive, listening, wherev...
  2    [Good, morning, Nairobi, Kenya, Order, fruit, ...
  3    [Smiling, way, freezer, knowing, enough, space...
  4    [Keep, calm, Rock, On, You, get, Vacuum, Bottl...
  Name: absolute_tidy_tweets, dtype: object
```

**Figure 18:     Processo de Tokenization**

As fichas foram então unidas numa frase de modo a calcular a pontuação total de um Tweet para permitir o cálculo da pontuação de polaridade do Tweet global;

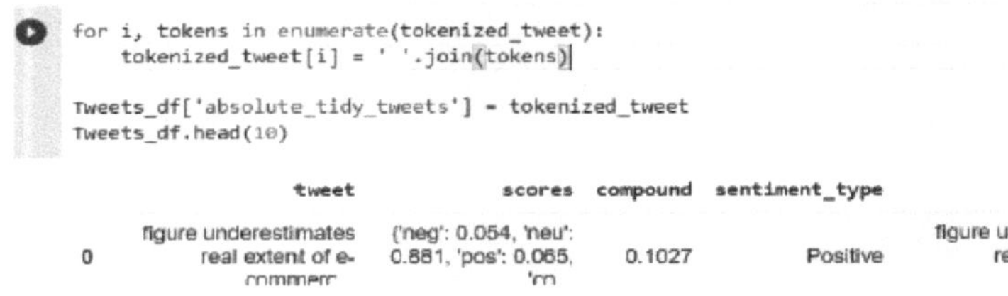

**Figure 19:    Junção de Fichas**

## 4.5.4 Análise Sentimental de Tweets

A Análise de Sentimento foi feita utilizando VADER que é a ferramenta preferida para esta análise devido à sua eficiência na análise de textos das redes sociais. VADER é uma ferramenta de Análise de Sentimento baseada em léxico e regras que supera os desafios das ferramentas de análise anteriores, na medida em que pode detectar emojis, emoticons, slung, ênfase na pontuação e posição das palavras num sentimento. Diz não só a polaridade de um Tweet, mas também a extensão de uma polaridade. Como se mostra na figura 20.

Após a análise, a polaridade dos tweets é calculada usando as palavras de opinião num determinado sentimento e cada pontuação apresentada como na figura 21. A partir da imagem do ecrã, pode-se ver que o algoritmo só exibe detalhes relevantes neste ponto, tais como a identificação do utilizador para proteger a identidade do Tweep, o Tweet, a polaridade individual das palavras de opinião, a pontuação da polaridade composta computada e a polaridade real. O Algoritmo é eficiente na medida em que nos pode mostrar a extensão da negatividade ou positividade de um Tweet individual, tanto como a pontuação final de polaridade.

```
[ ] import nltk
    nltk.download('vader_lexicon')
    from nltk.sentiment.vader import SentimentIntensityAnalyzer
    sid = SentimentIntensityAnalyzer()

    [nltk_data] Downloading package vader_lexicon to /root/nltk_data...
    [nltk_data]   Package vader_lexicon is already up-to-date!
```

Now we'll add columns to the original DataFrame to store polarity_score dictionaries, extracted co
the compound score. The sentiments in this method will be classified into negative, positive and, r

Agora bem adicionar colunas à DataFrame original para armazenar dicionários de polarity_score, extraídos da partitura composta. Os sentimentos neste método serão classificados em negativo, positivo e, r

Figure 20:    Obtenção de Sentimento Usando VADER

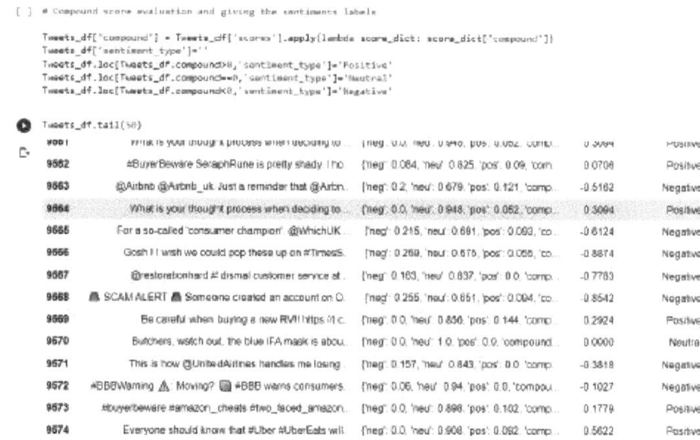

Figure 21:    Classificação de Pontuação e Polaridade Composta

Como podemos ver, é mostrado o ID de utilizador em vez do nome de utilizador, de modo a proteger a identidade do utilizador, de acordo com a consideração ética.

### 4.5.5 Visualização de saída

O resultado foi então visualizado para uma análise mais fácil dos resultados, tal como explicado em profundidade no capítulo seguinte. A visualização foi feita em termos de gráficos, nuvens de palavras e tabelas de frequência, para que os utilizadores possam facilmente interpretar os resultados da Análise de Sentimento;

```
Story Generation and Visualization

def generate_wordcloud(all_words):
    wordcloud = WordCloud(width=800, height=500, random_state=21, max_font_si

    plt.figure(figsize=(14, 10))
    plt.imshow(wordcloud, interpolation="bilinear")
    plt.axis('off')
    plt.show()
```

**Figure 22:    Geração de visualização de saída**

### 4.6 Avaliar e Validar a Plataforma

Uma vez que estamos a lidar com Linguagem Natural, foram feitos testes unitários para verificar se o algoritmo classifica correctamente a polaridade do sentimento; isto foi feito através da introdução de uma frase aleatória usando frases-chave que poderiam estar a negar-se a si próprias para confirmar se o domínio será efectuado, por exemplo, como mostrado 'Uber é muito mau', isto garantiu que as palavras contraditórias como 'bonito' e 'mau' estão na mesma frase. O mesmo teste foi feito para frases positivas. O teste final foi o teste de integração que envolve a execução do algoritmo três vezes para observar os resultados

O algoritmo classificou correctamente a frase como negativa:

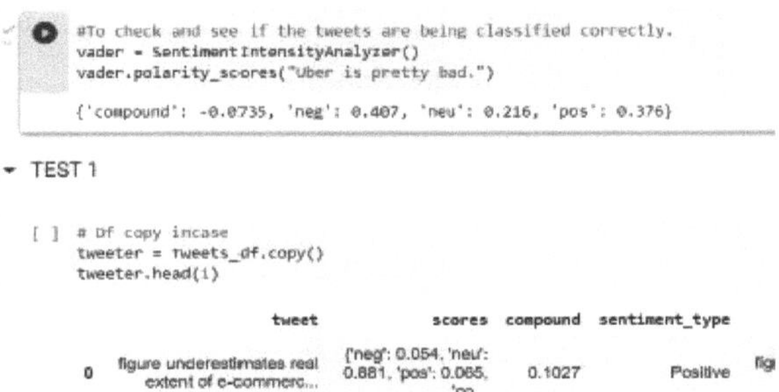


| | tweet | scores | compound | sentiment_type | |
|---|---|---|---|---|---|
| 0 | figure underestimates real extent of e-commerc... | {'neg': 0.054, 'neu': 0.881, 'pos': 0.065, 'co... | 0.1027 | Positive | fig |

Os testes de desempenho foram feitos posteriormente para testar cada módulo do sistema para verificar a interoperabilidade dos diferentes componentes. A plataforma foi testada através da introdução manual de um par de sentimentos com diferentes aspectos dos sentimentos para avaliar a polaridade calculada para o sentimento individual. Isto também foi feito incorporando diferentes aspectos de um sentimento, tais como negação cega, uso de intensificadores, localização de palavras de opinião, e uso de emojis, emoticons, pontuação e capitalização. A pontuação composta computada apresentada durante o teste mostrou que os sentimentos foram classificados com precisão pelo algoritmo, como esperado.

O modelo de aprendizagem mecânica também foi utilizado para testar a precisão utilizando dados treinados. Foi feito um procedimento de divisão do comboio a fim de estimar o desempenho do algoritmo e se os dados são classificados correctamente, tendo-se constatado uma exactidão de 76,43%, como se mostra no resultado abaixo;

```
plt.show()
```

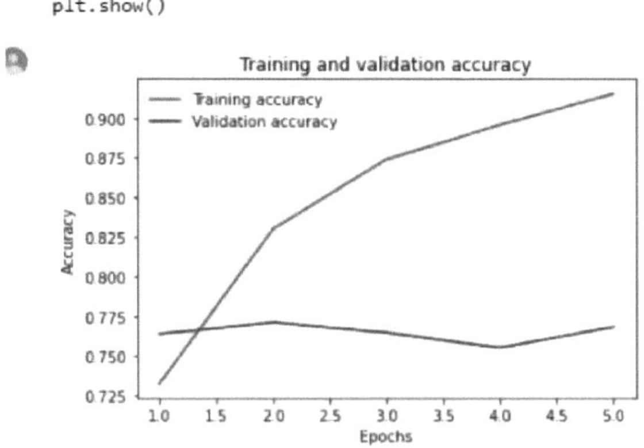


**Figura 24: Teste de Precisão do Modelo de Aprendizagem de Máquinas**

Os testes deram um nível de precisão de 76,43 como ilustrado;

```
[ ]  print("Test Loss Score:", score[0])
     print("Test Accuracy:", score[1])

     Test Loss Score: 0.5781483054161072
     Test Accuracy: 0.7643610835075378
```

**Figura 25: Pontuação de Precisão**

## 4. 7 Resumo do Capítulo

Este capítulo explicou a implementação do projecto, começando pelos requisitos funcionais e não funcionais da investigação. Em seguida, procedeu a uma explicação detalhada de como a Plataforma foi implementada para alcançar o seu objectivo e as principais ferramentas no processo. O capítulo também apresenta representações esquemáticas das ferramentas de modo a ilustrar os seus diferentes componentes e a forma como se integram. O capítulo seguinte abrange os resultados e conclusões da investigação.

# CAPÍTULO 5

## RESULTADOS E CONCLUSÕES

### 5.1 Introdução

Este capítulo representa os resultados e descobertas relatados na investigação feita durante este projecto sobre como os utilizadores quenianos 'se sentem' em relação ao comércio electrónico usando o feedback recolhido do Twitter. As tabelas e gráficos são os principais componentes deste capítulo, uma vez que são utilizados para visualizar os resultados, dão uma representação clara dos resultados e conclusões. O capítulo está estruturado nos sub-tópicos; extracção de dados do Twitter, tipos de actividades fraudulentas associadas ao comércio electrónico no Quénia, resultados da Análise de Sentimento, conclusões, validação da plataforma criada e, por último, o resumo do capítulo.

### 5.2 Extracção de dados relevantes

Dados extraídos do Twitter com base em palavras-chave relevantes, nomeadamente; #buyerbeware, #OnlineFraud, #WiziKE, JumiaKE, Kilimall, Rupu, Jiji, Glovo, UberEats, PigiaMe, Uber, Bolt e KPLC. Estas palavras-chave estão associadas aos principais actores no ambiente do comércio electrónico queniano, pelo que, para poder concentrar-se na nossa investigação, foram as principais palavras utilizadas. Depois de os dados terem sido extraídos do Twitter e armazenados em ficheiro CSV, como mostrado;

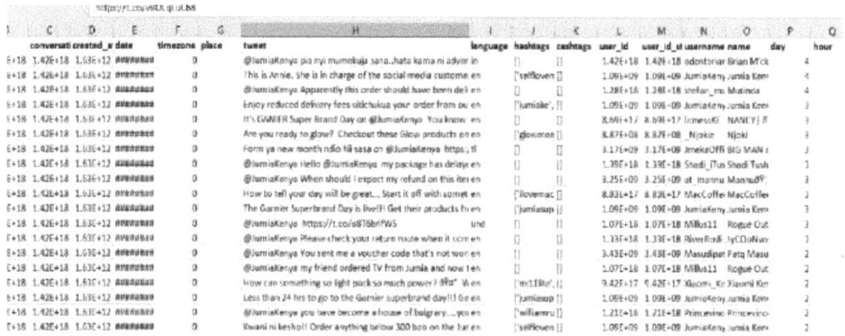

| conversati | created_a | date | timezone | place | tweet | language | hashtags | cashtags | user_id | user_id_st | username | name | day | hour |
|---|---|---|---|---|---|---|---|---|---|---|---|---|---|---|
| E+18 | 1.42E+18 | 1.03E+12 | ######## | 0 | @JumiaKenya pia nyi mumekuja sana..hata kama ni adver | en | [] | [] | 1.42E+18 | 1.42E+18 | adontonar | Brian M'ck | 4 | |
| E+18 | 1.42E+18 | 1.03E+12 | ######## | 0 | This is Annie. She is in charge of the social media custome | en | ['selflovem'] | [] | 1.09E+09 | 1.09E+09 | JumiaKeny | Jumia Ken | 4 | |
| E+18 | 1.42E+18 | 1.63E+12 | ######## | 0 | @JumiaKenya Apparently this order should have been deli | en | [] | [] | 1.28E+18 | 1.28E+18 | stellar_ms | Mutinda | 4 | |
| E+18 | 1.42E+18 | 1.03E+12 | ######## | 0 | Enjoy reduced delivery fees ulichukua your order from ou | en | ['jumiake', []] | [] | 1.09E+09 | 1.09E+09 | JumiaKeny | Jumia Ken | 3 | |
| E+18 | 1.42E+18 | 1.6E+17 | ######## | 0 | It's GARNIER Super Brand Day on @JumiaKenya You know | en | [] | [] | 8.69E+17 | 8.69E+17 | IcmessKE | NANCY J F | 3 | |
| E+18 | 1.42E+18 | 1.03E+12 | ######## | 0 | Are you ready to glow? Checkout these Glow products on | en | ['glowmen'] | [] | 8.87E+08 | 8.87E+08 | _Njokie | Njoki | 3 | |
| E+18 | 1.42E+18 | 1.03E+12 | ######## | 0 | Form ya new month ndio tii sasa on @JumiaKenya https:,tl | en | [] | [] | 3.17E+09 | 3.17E+09 | JmekaOffi | BIG MAN : | 3 | |
| E+18 | 1.42E+18 | 1.63E+12 | ######## | 0 | @JumiaKenya Hello @JumiaKenya my package has delaye | en | [] | [] | 1.39E+18 | 1.39E+18 | Shadi_iTus | Shadi Tush | 3 | |
| E+18 | 1.42E+18 | 1.63E+12 | ######## | 0 | @JumiaKenya When should I expect my refund on this iter | en | [] | [] | 3.25E+09 | 3.25E+09 | at_mannu | Mannu&Y' | 3 | |
| E+18 | 1.42E+18 | 1.03E+12 | ######## | 0 | How to tell your day will be great... Start it off with somet | en | ['ilovemac'] | [] | 8.83E+17 | 8.83E+17 | MacCoffei | MacCoffei | 3 | |
| E+18 | 1.42E+18 | 1.63E+12 | ######## | 0 | The Garnier Superbrand Day is live!!! Get their products hi | en | ['jumiasup'] | [] | 1.09E+09 | 1.09E+09 | JumiaKeny | Jumia Ken | 3 | |
| E+18 | 1.42E+18 | 1.63E+12 | ######## | 0 | @JumiaKenya https://t.co/u8T6brifW5 | und | [] | [] | 1.07E+18 | 1.07E+18 | Millus11 | Rogue Out | 3 | |
| E+18 | 1.42E+18 | 1.63E+12 | ######## | 0 | @JumiaKenya Please check your return route when it com | en | [] | [] | 1.33E+18 | 1.33E+18 | RiverRodi | lyCOoNwr | 3 | |
| E+18 | 1.42E+18 | 1.03E+12 | ######## | 0 | @JumiaKenya You sent me a voucher code that's not wor | en | [] | [] | 3.43E+09 | 3.43E+09 | Masudipei | Patq Masu | 2 | |
| E+18 | 1.42E+18 | 1.63E+12 | ######## | 0 | @JumiaKenya my friend ordered TV from Jumia and now 1e | en | [] | [] | 1.07E+18 | 1.07E+18 | Millus11 | Rogue Out | 2 | |
| E+18 | 1.42E+18 | 1.63E+12 | ######## | 0 | How can something so light pack so much power? ... W | en | ['m11lite', []] | [] | 9.42E+17 | 9.42E+17 | Xiaomi_Ke | Xiaomi Ker | 2 | |
| E+18 | 1.42E+18 | 1.63E+12 | ######## | 0 | Less than 24 hrs to go to the Garnier superbrand day!!! Ge | en | ['jumiasup'] | [] | 1.09E+09 | 1.09E+09 | JumiaKeny | Jumia Ken | 2 | |
| E+18 | 1.42E+18 | 1.63E+12 | ######## | 0 | @JumiaKenya you have become a house of baig(ery... | en | ['williamru'] | [] | 1.21E+18 | 1.21E+18 | Princevino | Princevino | 2 | |
| E+18 | 1.42E+18 | 1.03E+12 | ######## | 0 | Itwani ni keshol! Order anything below 300 bob on the Jar | en | ['selflovem'] | [] | 1.09E+09 | 1.09E+09 | JumiaKeny | Jumia Ken | 2 | |

**Figura 26: Conjunto de dados brutos descarregados a partir do Twitter**

Os dados foram carregados no panda para análise, cuja primeira etapa envolvia a eliminação de colunas desnecessárias como data, fuso horário e língua, entre outras, uma vez que não serão utilizados no processo de análise. A etapa seguinte foi o pré-processamento dos dados para remover elementos desnecessários tais como espaços, ligações, números e caracteres especiais, os dados foram exibidos como mostrado. As colunas indicam o Tweet ID único, o tweet real, pontuação, pontuação de polaridade composta e tipo de sentimento quer seja positivo, negativo ou neutro.

| 9553 | @Atemidiva @KenyaPower_Care You declared viole... | {'neg': 0.24, 'neu': 0.76, 'pos': 0.0, 'compou... | -0.6249 | Negative |
| 9554 | @KenyaPower_Care @mgkwena 24 hours my complain... | {'neg': 0.292, 'neu': 0.706, 'pos': 0.0, 'comp... | -0.4055 | Negative |
| 9555 | @KenyaPower_Care @DuncanKhaemba You people nee... | {'neg': 0.072, 'neu': 0.928, 'pos': 0.0, 'comp... | -0.5399 | Negative |
| 9561 | What is your thought process when deciding to ... | {'neg': 0.0, 'neu': 0.948, 'pos': 0.052, 'comp... | 0.3094 | Positive |
| 9562 | #BuyerBeware SeraphRune is pretty shady. I ho... | {'neg': 0.084, 'neu': 0.825, 'pos': 0.09, 'com... | 0.0706 | Positive |
| 9563 | @Airbnb @Airbnb_uk Just a reminder that @Airbn... | {'neg': 0.2, 'neu': 0.679, 'pos': 0.121, 'comp... | -0.5162 | Negative |
| 9564 | What is your thought process when deciding to ... | {'neg': 0.0, 'neu': 0.948, 'pos': 0.052, 'comp... | 0.3094 | Positive |
| 9565 | For a so-called 'consumer champion', @WhichUK ... | {'neg': 0.215, 'neu': 0.691, 'pos': 0.093, 'co... | -0.6124 | Negative |
| 9566 | Gosh I I wish we could pop these up on #TimesS... | {'neg': 0.269, 'neu': 0.675, 'pos': 0.055, 'co... | -0.8874 | Negative |
| 9567 | @restorationhard # dismal customer service at ... | {'neg': 0.163, 'neu': 0.837, 'pos': 0.0, 'comp... | -0.7783 | Negative |
| 9568 | SCAM ALERT Someone created an account on O... | {'neg': 0.255, 'neu': 0.651, 'pos': 0.094, 'co... | -0.8542 | Negative |
| 9569 | Be careful when buying a new RV!! https://t.c... | {'neg': 0.0, 'neu': 0.856, 'pos': 0.144, 'comp... | 0.2924 | Positive |
| 9570 | Butchers, watch out, the blue IFA mask is abou... | {'neg': 0.0, 'neu': 1.0, 'pos': 0.0, 'compound... | 0.0000 | Neutral |
| 9571 | This is how @UnitedAirlines handles me losing ... | {'neg': 0.157, 'neu': 0.843, 'pos': 0.0, 'comp... | -0.3818 | Negative |

**Figura 27: Amostra de dados pré-processados**

## 5.2.2 Tipos de Actividades Fraudulentas de Comércio Electrónico

Os resultados do questionário de inquérito partilhado online mostraram que os inquiridos foram vítimas de fraudes online de diferentes tipos, nomeadamente tipos de personificação e engenharia social. Os resultados são mostrados das técnicas utilizadas são os seguintes

### 5.2.2.2.2 Técnicas de Engenharia Social

O estudo de investigação teve como objectivo investigar os tipos de fraude de personificação e comércio electrónico experimentados pelos utilizadores que se envolvem em transacções electrónicas. A resposta do inquérito mostrou que, na falsificação de identidade; os ataques de fraude com taxas avançadas, estreitamente associados ao phishing, foram os vectores de ataque mais comuns. Cinquenta e sete por cento dos inquiridos registaram tendo experimentado uma forma de ataque Smishing solicitando-lhes que fizessem um pequeno pagamento de modo a receberem um montante significativo mais tarde. Observou-se que o SMS era uma forma comum através da qual os cibercriminosos atingiam os alvos. Notou-se que o Isco como táctica de ataque era menos comum, tendo 42% dos inquiridos nunca experimentado qualquer forma de ataque de isco durante transacções online. Seguiu-se o Quid Pro Que, que também foi menos predominante pelos utilizadores.

Observou-se que a imitação como técnica utilizada para fraudar os utilizadores do comércio electrónico era menos comum do que a Engenharia Social. A maior parte dos inquiridos registados nunca experimentou a maior parte das tácticas de Impersonificação; Testes de Cartões - notou-se que eram menos populares, tendo apenas 16% experimentado, 50% registado nunca ter experimentado ataques de Triangulação, enquanto o ataque de Intercepção também registou um número muito baixo de 16% ter experimentado. No que diz respeito à fraude de Account Takeover, metade dos inquiridos mencionou nunca ter tido as suas credenciais de login ou detalhes financeiros roubados e utilizados durante transacções electrónicas. Finalmente, no que diz respeito ao roubo de identidade, 33% dos utilizadores registados foram vítimas de várias técnicas em que os criminosos informáticos roubam a identidade de retalhistas legítimos em linha ou as próprias empresas de comércio electrónico sendo enganadas por clientes falsos que roubaram a identidade de clientes genuínos.

O questionário do inquérito estabeleceu que os seguintes tipos de actividades fraudulentas foram estabelecidos pelos utilizadores pela extensão apresentada nos gráficos.

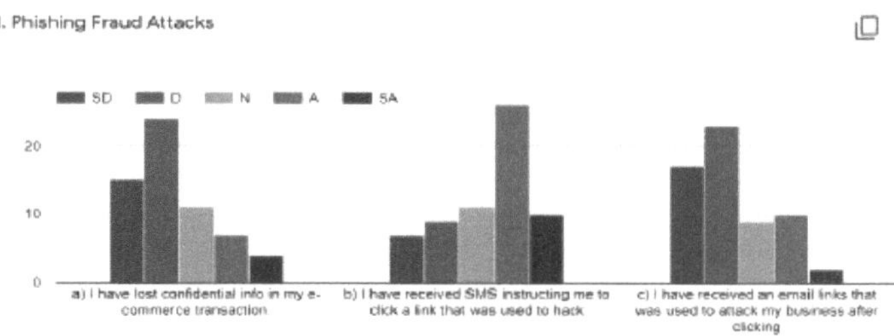

## 2. Advanced-Fee Fraud Attacks

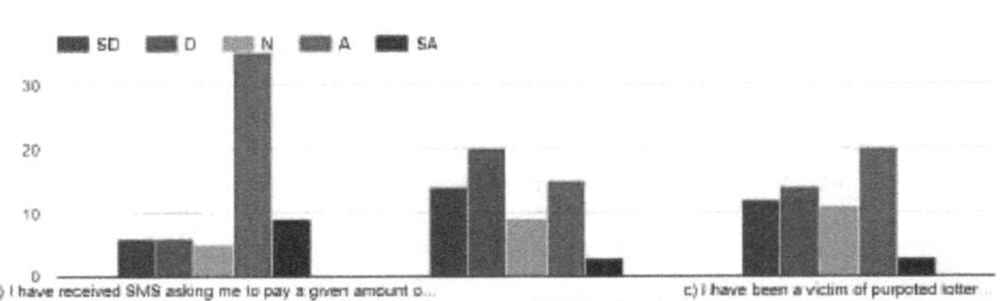


## 3. Pretexting/ Reverse Social Engineering

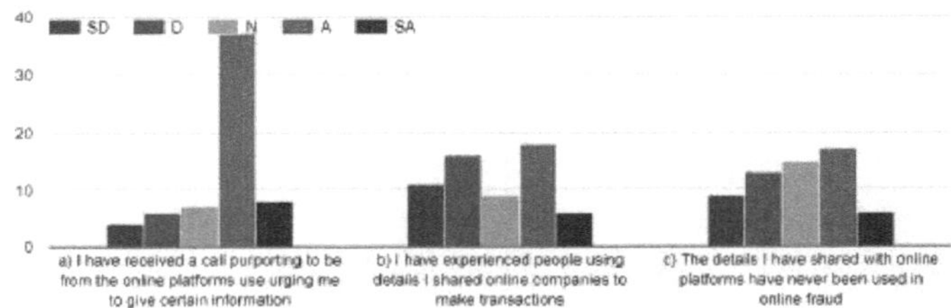


## 4. Baiting

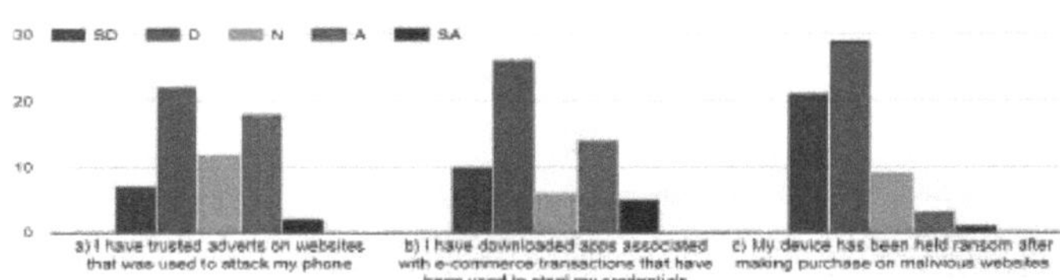

## 5.2.2.3 Técnicas de imitação

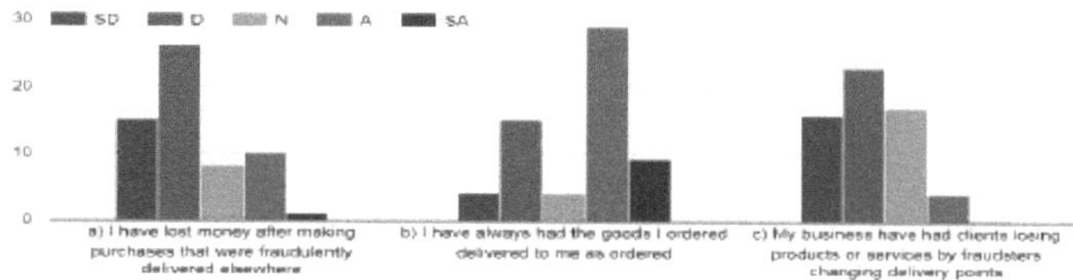



59

### 3. Account Takeover Fraud

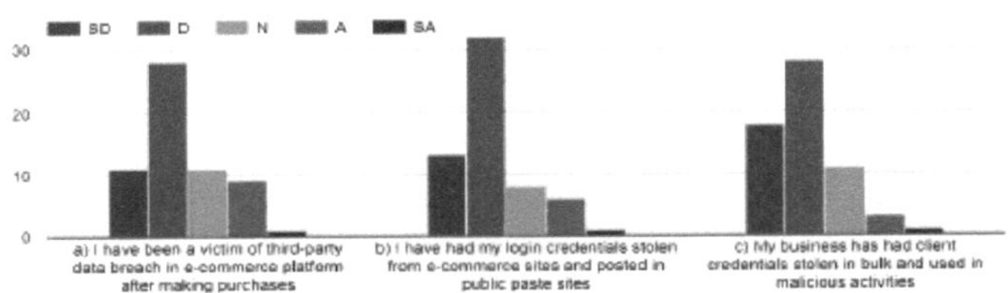


### 4. Identity Theft

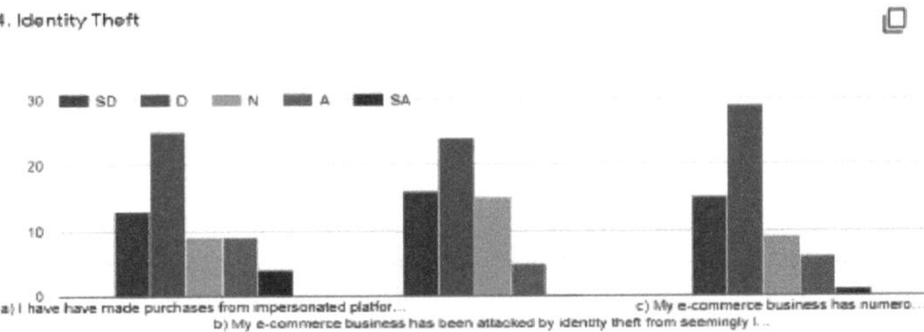


### 5. Card Testing Fraud

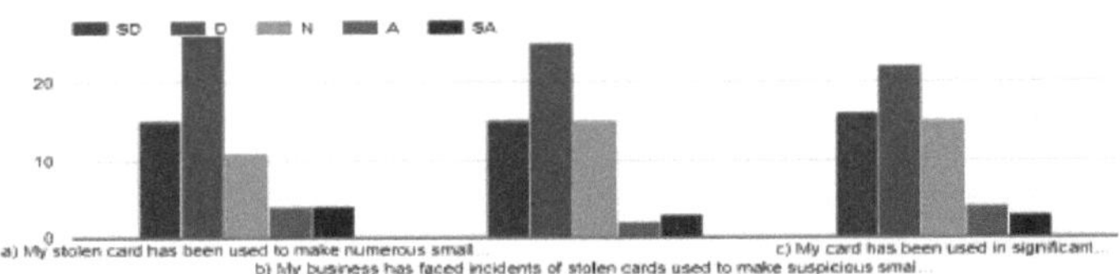

A partir dos resultados pode-se constatar que pelo menos cada tipo de fraude no comércio electrónico foi experimentado pelos utilizadores, mas em graus variáveis. Os gráficos mostram claramente que algumas actividades fraudulentas são mais comuns do que outras, com base na técnica utilizada. O uso de Smishing e vishing attacks são mais comuns que as fraudes envolvendo cartões, uma vez que a maioria dos quenianos realiza actividades em linha utilizando a banca móvel, tal como explicado no próximo capítulo.

## 5.3 Análise de Sentimento sobre o Efeito da Fraude Online

A fase inicial envolve a eliminação de dados utilizando o Twint que, como explicado anteriormente, é mais eficaz do que o Standard Twitter API como ferramenta de extracção de dados, além de se integrar com este Projecto por ser baseado em Python. O estudo teve como principal objectivo avaliar a atitude dos utilizadores quenianos em relação ao comércio electrónico com base nos seus respectivos Tweets que foram extraídos, armazenados, seguidos de um pré-processamento para os tornar adequados à análise dos sentimentos através da remoção de informação desnecessária.

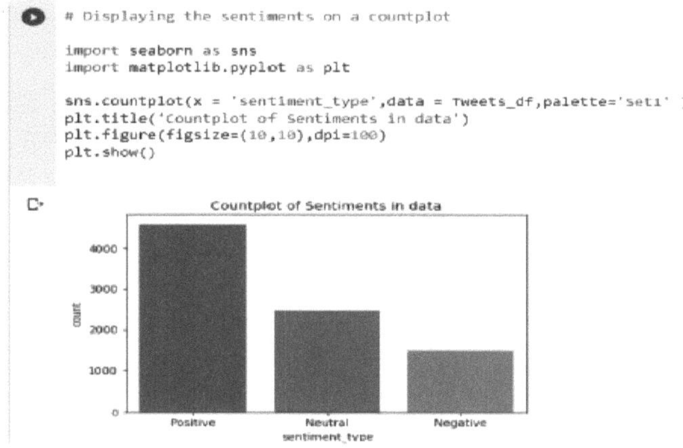



**Figura 28: Gráfico mostrando as reacções do Twitter aos fornecedores de comércio electrónico**

A informação recolhida mostrou que os tweets relacionados com os compromissos de comércio electrónico pareciam, na sua maioria, apresentar uma polaridade positiva. Verificou-se que a maioria dos quenianos que utilizam plataformas utilizadas como obras-chave, tais como Kilimall, Jumia Kenya, KPLC e Uber, entre outras, estavam satisfeitos com os serviços prestados.

Apesar dos numerosos casos de fraude em linha e outras formas de fraude mencionadas pelos utilizadores do Twitter, a maioria dos utilizadores fica impressionada com as suas interacções, especialmente nos meios de comunicação social. A tabela de frequência abaixo apresenta o número exacto de Tweets a partir dos dados de investigação utilizados neste projecto.

```
# Frequency table
Tweets_df.sentiment_type.value_counts()

Positive    4590
Neutral     2460
Negative    1479
Name: sentiment_type, dtype: int64
```

**Figura 29: Tabela de Frequência mostrando os Tweets específicos categorizados por polaridade**

## 5.3.1 Conclusões da Análise Sentimental

Os resultados gráficos dão uma imagem das palavras específicas normalmente associadas aos utilizadores do comércio electrónico em linha. O Sentiment Analyzer foi capaz de classificar as diferentes frases das palavras comummente encontradas tanto em Tweets positivos como negativos. A maioria dos Tweets era sobre a Kenya Power and Lighting Company (KPLC) com a maioria a ter desafios com falhas de energia, o contador instalado para efectuar leituras de energia. Uber drivers e Pigiame, a loja de venda a retalho online, foram também mencionados em numerosos Tweets, tanto positivos como negativos, como explicado acima.

Dos 8529 Tweets analisados, verificou-se que 4590 deles exibiram uma reacção positiva, o que significa que 53,82% receberam um serviço de qualidade. Contudo, observou-se que 28,84% deles tinham sofrido diferentes formas de fraude em linha ou de mau serviço geral do sector. Isto mostrou uma tendência positiva, apesar da criminalidade cibernética desenfreada associada ao comércio electrónico queniano. A maioria das queixas estava associada a atrasos das aplicações de veículos automóveis, sendo os retalhistas em linha imitados ou não entregando o que tinham prometido. Os fornecedores como a KPLC também foram mencionados para não responderem com rapidez suficiente quando os utilizadores lhes pediam assistência ou leitores de contadores com mau funcionamento.

Para apresentar ainda mais os Tweets de uma forma mais eficaz de interpretar, foram tabuladas categorias de Tweets positivos e negativos, como se pode ver nas figuras abaixo. O quadro mostra as principais palavras utilizadas nas respectivas categorias de polaridade. Mostra que as palavras associadas à electricidade são mais comuns, isto porque a KPLC, sendo um fornecedor de âmbito nacional, é utilizada por quase toda a população. Vemos palavras como filmagens, ficha, contador e energia comummente mencionadas nos Tweets positivos.

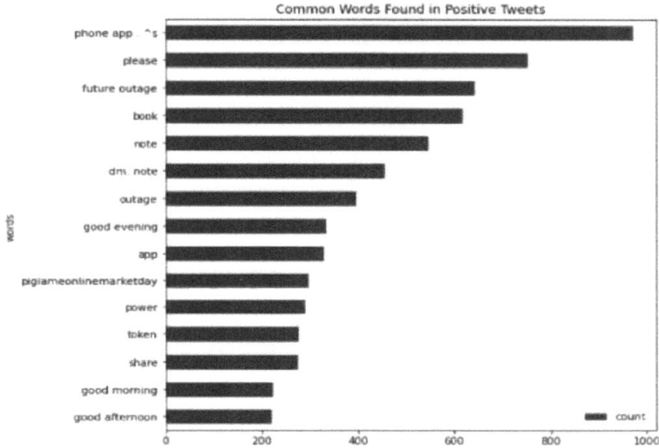


**Figura 30: Palavras Comuns em Fonte de Tweets Positivos**
Para além dos Tweets relacionados com KPLC, também notamos que PigiaMe é também amplamente etiquetado em Tweet positivo. Isto deve-se ao facto de o retalhista online ter reservado um dia conhecido como #PigiaMeOnlineMarketDay. Nesse dia em particular, o retalhista dá ofertas aos seus clientes, quer sejam ofertas reduzidas ou ofertas de brindes, o que o torna um evento amplamente seguido na plataforma dos meios de comunicação social.

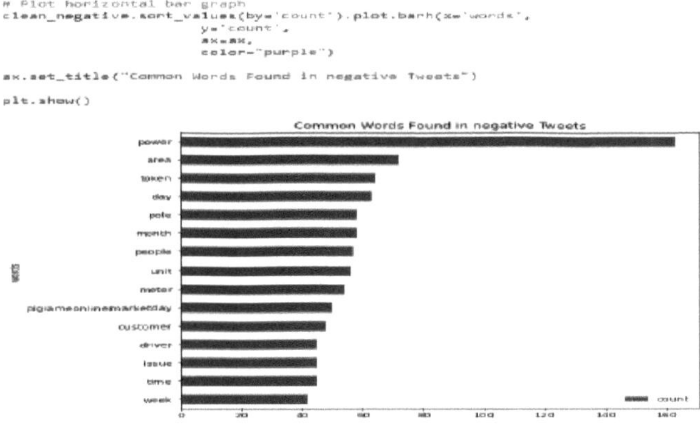


**Figura 31: Palavras comuns em fonte de Tweets negativos: Dados do autor derivados da análise sentimental**

Os Tweets negativos também mostraram a mesma tendência, a maioria dos Tweets negativos foram associados às amplamente mencionadas Potências do Quénia, pela razão de que é amplamente utilizado. Além disso, mostra que a empresa pode não estar a prestar os melhores serviços aos seus clientes. Palavras comuns como poder, contador, unidade e ficha são massivamente etiquetadas. Existe também o dia do mercado PigiaMe, onde os vigaristas fazem-se passar por retalhistas em linha durante o dia do mercado para enganar os utilizadores. Os condutores também têm sido mencionados devido às constantes queixas dos Kenyans no Twitter sobre o principal fornecedor de serviços automóveis que é a Bolt e Uber em casos como raptos, condutores mal-educados e abuso sexual.

A investigação conseguiu retratar que os quenianos têm uma perspectiva positiva do espaço de comércio electrónico no país em 53,82% de resultados positivos em comparação com a percentagem de 28,84% de sentimentos negativos.

### 5.3.2 Nuvem de palavras

A nuvem de palavras é uma técnica de visualização de dados utilizada para representar dados de texto em que as palavras ou frases mais frequentes aparecem em fontes maiores, são preferíveis uma vez que dão uma visão significativa através de um relance rápido. Nesta pesquisa. O Word Cloud é utilizado na análise de dados do Twitter, como mostram as seguintes ilustrações de palavras positivas e negativas utilizadas em relação ao feedback do comércio electrónico dos utilizadores.

Most common words in positive tweets

```
[ ]  all_words = ' '.join([text for text in Tweets_df['absolute_tidy_tweets'][Tweets_df.sentiment_type == 'Positive
     generate_wordcloud(all_words)
```

**Figura 32: Palavras positivas Word Cloud**

**Figura 33: Palavras negativas Nuvem de palavras**

A palavra nuvem reforça a descoberta inicial de que o fornecedor de comércio electrónico mais frequentemente mencionado é a KPLC. Os mencionados são sobretudo Tweets negativos sobre o seu fornecimento de electricidade ou falta dela aos clientes. As palavras mais proeminentes na nuvem negativa incluem Poder, contador, unidade e ficha que são na sua maioria tweeted para KPLC. Há também queixas sobre condutores e atrasos de serviços por parte dos fornecedores de aplicações de veículos motorizados.

**5.4 Avaliar e Validar a Ferramenta de Análise Sentimental**

O terceiro objectivo era avaliar e validar se a plataforma de Análise de Sentimento estava a realizar a sua funcionalidade como era suposto. Isto foi feito utilizando a introdução manual de sentimentos e a realização de análises sobre eles para testar diferentes aspectos da opinião, como explicado na Declaração de Problemas. Foi demonstrado que a plataforma no cálculo da pontuação de polaridade estava a considerar características comummente utilizadas nos dados das Redes Sociais, tais como capitalização, emojis, negações, pontuação, entre outras, para dar uma pontuação composta mais precisa;

## Emoji

```
#Checking to see if the algorithm classifys correctly
sentiment_analyzer_scores("The Uber service was 😊")

The Uber service was 😊----------------- {'neg': 0.0, 'neu': 0.528, 'pos': 0.472, 'compound': 0.7402}
```

▾ TEST 1

## Capitalização

```
#Checking to see if the algorithm classifys correctly
sentiment_analyzer_scores("TERRIBLE Jumia products")

TERRIBLE Jumia products--------------- {'neg': 0.657, 'neu': 0.343, 'pos': 0.0, 'compound': -0.5904}
```

▾ TEST 1

```
#Checking to see if the algorithm classifys correctly
sentiment_analyzer_scores("Terrible Jumia products")

Terrible Jumia products--------------- {'neg': 0.608, 'neu': 0.392, 'pos': 0.0, 'compound': -0.4767}
```

▾ TEST 1

## Pontuação

```
#Checking to see if the algorithm classifys correctly
sentiment_analyzer_scores("I hate bolt taxis!!!")

I hate bolt taxis!!!------------------ {'neg': 0.604, 'neu': 0.396, 'pos': 0.0, 'compound': -0.6784}
```

```
#Checking to see if the algorithm classifys correctly
sentiment_analyzer_scores("I hate bolt taxis")

I hate bolt taxis--------------------- {'neg': 0.552, 'neu': 0.448, 'pos': 0.0, 'compound': -0.5719}
```

## Negação

```
#Checking to see if the algorithm classifys correctly
sentiment_analyzer_scores("My experience at Pigiame is NOT the best")

My experience at Pigiame is NOT the best {'neg': 0.325, 'neu': 0.675, 'pos': 0.0, 'compound': -0.5216}
```

## Posição das palavras de opinião

```
#checking to see if the algorithm classifys correctly
sentiment_analyzer_scores("I had a pretty bad experience at Jumia")

I had a pretty bad experience at Jumia-- {'neg': 0.276, 'neu': 0.472, 'pos': 0.252, 'compound': -0.0772}
```

O algoritmo demonstrou ser 76,43% preciso, como demonstrado no capítulo anterior.

## 5.5 Resumo do Capítulo

Este capítulo examinou os resultados e descobertas recebidas deste estudo de investigação. O capítulo começou com um breve resumo do objectivo da investigação, seguido de uma representação gráfica dos resultados. O capítulo elaborou a forma como a análise dos sentimentos foi realizada e o resultado mostrando o sentimento geral dos consumidores deste estudo de investigação; a investigação elaborou que uma percentagem mais elevada de utilizadores deu um feedback positivo no Twitter, mas também houve preocupações uma vez que vários consumidores se queixaram de serviços pobres. O capítulo seguinte e último pormenorizou as discussões sobre os resultados, conclusões e recomendações.

# CAPÍTULO 6

## DEBATES, CONCLUSÕES E RECOMENDAÇÕES

### 6.1 Introdução

Este é o capítulo final do relatório do estudo de investigação incluindo o resumo dos resultados, conclusões dos resultados e recomendação para trabalhos futuros no domínio da investigação. A subsecção do resumo mostra os factores-chave do estudo, enquanto a secção de discussão dá mais interpretação a partir dos resultados do projecto. A parte de recomendação explica a limitação do estudo e as futuras melhorias que podem ser feitas na plataforma para que esta possa ter um melhor desempenho.

### 6.2 Resumo

O principal objectivo deste estudo de investigação era realizar uma Análise Sentimental sobre a atitude dos consumidores de comércio electrónico na paisagem queniana e os diferentes tipos de fraude de comércio electrónico experimentados pelos utilizadores. O passo inicial foi o de estabelecer as várias técnicas utilizadas para realizar fraudes no comércio electrónico sobre os utilizadores de transacções electrónicas. Isto foi feito através de um inquérito em linha, ao qual foram feitas perguntas aos inquiridos sobre transacções de comércio electrónico e fraude. Subsequentemente, foi feita uma Análise de Sentimento para determinar a perspectiva dos utilizadores em relação ao comércio electrónico devido à fraude experimentada no espaço do comércio electrónico. O Twitter foi escolhido como a fonte de dados mais adequada, uma vez que a maioria dos quenianos expressa os seus sentimentos através da plataforma Social Networking.

A fonte de dados foi preferida devido a inúmeras razões; entre elas, a chave inclui o facto de a maioria dos retalhistas em linha responderem ao Tweets, outras organizações que utilizam transacções electrónicas tanto em pagamentos como em operações utilizam ricamente o Twitter como uma ferramenta de interacção com os seus clientes. O Twitter também fornece uma plataforma para os utilizadores comentarem as "Tendências" nos casos em que os consumidores tenham passado por uma experiência semelhante que proporcionou um campo diversificado de mineração de dados para a investigação.

A investigação começou por recolher Tweets associados a palavras-chave definidas que foram extraídas usando Twint uma ferramenta de extracção de dados altamente eficaz, os dados foram depois limpos para os tornar mais adequados para a Análise Sentimental através do seu pré-processamento em várias fases para remover informação irrelevante. As ligações, números, espaços, caracteres especiais e palavras de paragem antes de identificar cada frase chave do Tweet. A Tokenização foi depois feita para quebrar os Tweets em unidades mais pequenas que a máquina possa compreender. Segue-se a Lemmatização para a análise do texto como uma única unidade, as fichas são depois unidas antes de se calcular a pontuação de polaridade total do Tweet em particular.

A Análise de Sentimento foi então feita utilizando VADER, um léxico e uma ferramenta de extracção de opinião baseada em regras que não só mostra a polaridade de um sentimento, mas também a extensão da polaridade. VADER é preferido para este projecto devido a uma série de razões, incluindo o facto de não requerer qualquer formação, poder compreender diferentes aspectos de um texto incluindo gírias, pontuações, capitalização e emoticons e trabalhar muito bem com textos de meios de comunicação social. A ferramenta foi testada para descobrir o seu nível de precisão sobre se os Tweets estavam a ser classificados correctamente modelo de aprendizagem de máquina GloVe para testar a sua precisão e verificou-se que era de 76. 43%.

A partir dos resultados recebidos da pesquisa, notou-se que a maioria dos utilizadores do Twitter registou um feedback positivo com, como mostra a tabela de frequências na tabela 5 abaixo. A maioria das menções dos vários utilizadores da plataforma de comércio electrónico, tais como Uber, Kilimall, Jumia, Bolt e outras palavras-chave estabelecidas para o projecto mostraram que apenas uma percentagem relativamente pequena de utilizadores expressou respostas negativas. A maioria dos utilizadores mostrou que a palavra-chave mais utilizada foi KPLC, uma vez que é utilizada em todo o país, servindo assim uma grande parte da população, ao contrário dos retalhistas em linha, que se encontram na sua maioria sediados nas áreas urbanas.

## 6.3 Discussões

### 6.3.1 Actividades Fraudulentas Online Associadas ao E-Commerce

De acordo com Apau et al., (2019), a abertura do meio Internet permite o acesso de todos criando um meio aberto para actividades de cibercrime, para além do anonimato fornecido pela Internet esconde as intenções dos cibercriminosos. Isto proporcionado pelo facto de, nos países do Terceiro Mundo, o quadro regulamentar da Internet não ter sido bem desenvolvido levou ao florescimento da criminalidade em linha em países como o Quénia. A prevalência do crime digital, segundo Norton, (2021) levou a sentimentos de raiva, ansiedade e frustração entre os utilizadores do comércio electrónico.

Sobre os dados recolhidos no inquérito, também dá uma perspectiva positiva na medida em que, a maioria não foi vítima de fraude online, mas sofreu tentativas de ataques especialmente Smishing e Baiting e ataques Advanced Free. Os resultados da pesquisa mostraram que a maioria dos quenianos não foram realmente vítimas de fraude nos testes de cartões, que têm a frequência mais baixa. Dos dados recolhidos, 60,7% dos inquiridos registaram que nunca foram vítimas de fraude no comércio electrónico, embora tenha havido várias tentativas de os defraudar. A partir das conclusões, as técnicas de ataque à Engenharia Social foram mais comuns do que a Impersonificação, o que implica que existem mecanismos criados para proteger a identidade dos utilizadores do comércio electrónico queniano pela maioria das instituições financeiras mas não muito para defender a psicologia humana que os cibercriminosos empregam as fraudes da Engenharia Social.

Apesar das numerosas oportunidades resultantes do rápido crescimento da Internet em países em desenvolvimento como o Quénia, a continuação das actividades de fraude em linha em que os utilizadores se queixaram de terem sido defraudados dificultou o crescimento do comércio electrónico nos respectivos países. A partir da investigação, notou-se que ao utilizar diferentes palavras-chave que foram utilizadas para extrair dados como nós #JumiaKE, a maioria dos utilizadores queixou-se de fazer compras mas não receber entregas a tempo ou, em alguns casos, de forma alguma. A maioria dos casos envolve a falsificação de contas, fazendo-se passar por retalhistas legítimos em linha.

Além disso, há casos de Uber ou Bolt que são os prestadores de serviços de táxi mais utilizados que roubam os utilizadores no processo das suas viagens. Outras plataformas como Glovo, Pigiame, e Kilimall também sofreram casos de personificação, tal como relatado pelo utilizador Tweets, o que fez com que alguns utilizadores se mostrassem relutantes em participar no comércio electrónico. No entanto, a investigação apresentou análises positivas, tendo a maioria das reacções do inquérito em linha sido vítima de fraude no comércio electrónico, tendo apenas 39,3% dos inquiridos sido vítimas.

**6.3.2 Análise de sentimentos sobre a percepção dos utilizadores do comércio electrónico**

De acordo com Paul Hoffman, se quiser compreender as pessoas, especialmente os seus clientes, tem de ser capaz de possuir a forte capacidade de análise de texto (Parul, 2018). A Análise de Sentimento como um subcampo do Processo de Linguagem Natural visa medir a atitude de um determinado sentimento utilizando cálculos computacionais de um determinado texto. O conteúdo de sites de Micro-blogging como o Twitter, tal como utilizado nesta pesquisa, fornece fontes de dados que são utilizáveis na África do Sul, mas coloca desafios, processando a linguagem utilizada, que é sobretudo informal; utilização de emoticons, slung e memes.

A Análise Sentimental é utilizada para analisar uma enorme quantidade de dados, caso contrário poderia ser demorada, intensiva em recursos e imprecisa. VADER, uma ferramenta de análise de sentimentos foi incorporada nesta pesquisa devido ao facto de ser eficaz na mineração de textos de meios de comunicação social; isto porque diz não só se uma opinião é negativa ou positiva, mas também a extensão da polaridade, tendo também em conta elementos de uma opinião como pontuação, capitalização e modificadores de grau. VADER também considera o uso de emojis, gírias e emoticons (Hutto & Gilbert, 2014). As características mencionadas tornaram VADER muito eficiente neste trabalho de investigação, uma vez que os quenianos no Twitter fazem uso dessas características quando se exprimem na plataforma dos meios de comunicação social, tal como referido durante esta investigação.

Durante a Análise Sentimental verificou-se que a maioria dos quenianos deu um feedback positivo, como mostra a Tabela de Frequência detalhada abaixo:

| Polaridade | Frequência | Percentagem (%) |
| --- | --- | --- |
| Positivo | 4590 | 53.82 |
| Negativo | 2460 | 28.84 |
| Neutro | 1479 | 17.34 |
| Total | 8529 | 100 |

**Quadro 5: Tabela de frequência detalhada**

Com 53,82 % dos quenianos a mostrarem confiança no sector do comércio electrónico, de acordo com a análise dos sentimentos, mostra que há progresso e crescimento no sector. Os 28,84 da nossa análise provêm principalmente de utilizadores de Uber, Bolt, Jumia e KPLC que se queixam de mau serviço, atrasos ou fraude. A análise deu uma visão geral do feedback do Tweeter, pelo que manter constantes todos os factores representa uma grande população de utilizadores do comércio electrónico.

### 6.3.3 Avaliar e Validar a Plataforma

A Plataforma foi testada por dois métodos; o teste inicial foi introduzido manualmente um sentimento para verificar se irá considerar o domínio do uso ao determinar a pontuação composta da polaridade da frase. Introduzimos a palavra "Usar Uber é uma experiência bastante má", pretendemos validar se o algoritmo irá verificar a utilização do domínio do adjectivo "bonito" e "mau" no sentimento, como mostra a figura;

```
#To check and see if the tweets are being classified correctly.
vader = SentimentIntensityAnalyzer()
vader.polarity_scores("Using Uber was a pretty bad experience.")

{'compound': -0.0735, 'neg': 0.335, 'neu': 0.356, 'pos': 0.309}
```

O resultado mostrou que a Plataforma faz correctamente as previsões. A polaridade dessas duas palavras foi classificada como negativa com base na posição dos dois adjectivos, tal como explicado no Capítulo 2 do trabalho de investigação. Vários aspectos dos sentimentos foram também testados, tais como o uso de emoji, pontuação, capitalização, entre outros, como demonstrado no Capítulo Quatro sobre Resultados e Conclusões.

O segundo teste foi a utilização dos dois Algoritmos de Aprendizagem de Máquinas para testar a sua exactidão. O primeiro algoritmo utilizava um algoritmo não supervisionado baseado em rede neural com dados não etiquetados e pontuações pré- etiquetadas para dados de treino. É feito um procedimento de divisão do teste de treino a fim de estimar o algoritmo de aprendizagem da máquina a ser utilizado na realização de previsões, como se mostra no capítulo 2.

Pode-se ver que o algoritmo de Aprendizagem Automática registou uma Precisão de Teste de 76 % com um

## 6.4 Conclusões

A partir da investigação, apercebemo-nos de quão grandes dados podem ser utilizados no estudo de padrões usando a Análise Sentimental como uma ferramenta poderosa. O documento demonstrou como a medição imparcial de opiniões pode ser feita através da implementação do VADER, a ferramenta de Análise Sentimental das redes sociais que pode investigar a perspectiva do utilizador em relação ao comércio electrónico. Também utilizámos o classificador Neural Network e LSTM para testar a exactidão do algoritmo que se verificou ser 76,82 % exacto a partir dos sentimentos categorizados.

### 6.4.1 Actividades Fraudulentas Online Associadas ao E-Commerce

Do inquérito feito para estabelecer as mais diferentes técnicas de comércio electrónico encontradas no Quénia, observou-se que, no que diz respeito à Engenharia Social, os ataques gerais baseados em SMS eram os mais prevalecentes. Quarenta e dois por cento dos inquiridos tinham sido vítimas de ataques de Smishing com a intenção de os enganar para clicar em ligações maliciosas. Os ataques de Fraude com Taxas Avançadas que são levados a cabo como forma de ataques Smishing foram também um importante vector de ataque, tendo mais de 50% dos utilizadores obtido ligações pedindo-lhes que pagassem uma determinada quantia de dinheiro para receberem um determinado juro de autores de fraudes fingindo ser estrangeiros. Os utilizadores também relataram ter experimentado pelo menos alguma forma de outras técnicas de SE, tais como pretexto, isco e Quid Pro Que, mas em menor medida em comparação com outras.

Sob tipos de ataque de imitação, os ataques de fraude de Triangulação foram considerados os menos comuns. Isto pode ser atribuído ao facto de a maioria dos quenianos raramente utilizar cartões de crédito, uma vez que as estatísticas mostram que apenas 6% dos indivíduos têm cartões de crédito até 2017 de statista.com. Pode concluir-se que os ataques de fraude de intercepção não têm sido um problema para os utilizadores, uma vez que estes relataram ter recebido os bens que encomendaram online, embora também haja casos de clientes e empresas que perdem dinheiro em poucos casos. A tomada em conta e o roubo de identidade também foram vectores de ataque investigados durante a investigação mas com um impacto mínimo nos consumidores que registaram menos de 30%. Em conclusão, observou-se que as fraudes no comércio electrónico baseadas em cartões, tais como as fraudes de teste de cartões e de triangulação, raramente são experimentadas por utilizadores que 78

é atribuído ao facto de os estudos mostrarem que os quenianos mal utilizam cartões de crédito nas suas transacções, mas preferem dinheiro móvel nos seus pagamentos. Um estudo do Statista.com concluiu que apenas Seis por cento dos quenianos possuem cartões de crédito, o que levou a que os utilizadores preferissem outros meios de pagamentos móveis, tais como o M-pesa e o M-banking. Embora o estudo tenha mostrado que a maioria dos utilizadores do comércio electrónico estão bem cientes da fraude na esfera das transacções electrónicas e de como evitá-las, há necessidade de aumentar os programas de sensibilização dos consumidores para educar os utilizadores no sentido de reduzirem a vitimização da fraude no comércio electrónico em 39,3% para menos de 10%.

### 6.4.2 Análise da Percepção dos Utilizadores do Comércio Electrónico

A investigação mostrou que enquanto 42,4% dos utilizadores do comércio electrónico realizam mensalmente transacções electrónicas, apenas 39,3% foram objecto de fraude em linha. Isto indica que existe um grande nível de consciência sobre a fraude no comércio electrónico por parte dos utilizadores e como não cair vítima dos ataques dos golpistas. Isto prova bem a Teoria da Acção Razoada (RTA) de que as pessoas participarão numa actividade com base na sua atitude e experiências pré-existentes. O processo de Análise de Sentimento dos dados extraídos do Twitter do comércio electrónico indicou que 4590 Tweets dos 8590 analisados tinham um resultado de polaridade positiva, Cinquenta e quatro polaridade positiva significa que mais de metade dos Tweets mostraram contentamento com as transacções de comércio electrónico.

Os Tweets negativos em 2460 representavam 29% dos Tweets recolhidos, enquanto os restantes eram respostas neutras. Pode portanto concluir-se que a maioria dos utilizadores quenianos estão satisfeitos com o comércio electrónico, que é um indicador positivo para o espaço do comércio electrónico. Foram manifestadas preocupações à KPLC como fornecedor de comércio electrónico, uma vez que a maioria dos Tweets relacionados na nuvem do Word eram negativos e há numerosas queixas sobre as suas transacções. Os resultados da SA mostraram que existe a possibilidade de crescimento no espaço de comércio electrónico, uma vez que tem sido amplamente abraçado pelos utilizadores com 54% de aprovação. Há necessidade de lidar com as diferentes actividades fraudulentas em linha mencionadas pelos utilizadores mas a conclusão é que a maioria dos utilizadores está satisfeita com o sector. Além disso, a baixa percentagem de percepção negativa concorda com a Teoria da Actividade de Rotina devido à descoberta, a partir da investigação, de que a maioria dos utilizadores do comércio electrónico estão altamente conscientes das actividades fraudulentas em linha e de como evitar falhar com elas. Neste caso, vemos que há prováveis infractores que são os cibercriminosos e a ausência de defensores capazes que é a falta de um quadro regulamentar definido no país, mas o componente em falta que é o alvo adequado devido aos utilizadores de comércio electrónico altamente informados.

### 6.4.3 Avaliação e Validação da Plataforma de Análise Sentimental

Tendo obtido os níveis de precisão de 76 % da Análise de Sentimento obtida de Tweets relevantes, podemos concluir que a plataforma é ideal, uma vez que a investigação mostra que os seres humanos concordam em sentimentos cerca de 80 % das vezes, de acordo com Ngero (2012). Há sentimentos expressos em gírias quenianas que podem ter afectado o nível de exactidão do modelo também o facto de se tratar de um caso de Processamento de Linguagem Natural. No entanto, a maioria dos sentimentos foram correctamente classificados pela plataforma com base nas palavras-chave associadas, de acordo com os vários testes realizados sobre a eficácia.

Podemos, portanto, concluir que a plataforma é muito ideal e altamente aplicável ao ambiente de comércio electrónico Análise de Sentimento e investigações por partes interessadas relevantes. Com algumas melhorias, como explicado no capítulo seguinte, os dados recolhidos e a ferramenta de Análise de Sentimento podem ser utilizados para estudar as tendências do mercado e investigar as fraudes relacionadas com o comércio electrónico no país.

**6.4.4 Contribuição para o conhecimento**

Durante o estudo, notou-se que não foi feita muita investigação sobre o efeito da fraude em linha na perspectiva do utilizador queniano, pelo que esta investigação é capaz de acrescentar a esse conhecimento por razões de posteridade. O estudo foi capaz de investigar os principais tipos de fraude no comércio electrónico que os utilizadores experimentam dentro do país e os menos dominantes uma vez. Como explicado nas secções anteriores, os quenianos não foram sujeitos a grandes ataques de comércio electrónico que afectaram os principais retalhistas em linha de outros países do mundo desenvolvido, mas ainda assim os ataques de pequena escala, tais como os ataques de Smishing, foram predominantes. A utilização da banca móvel predominantemente em oposição aos cartões de crédito electrónicos na realização de pagamentos electrónicos leva a ocorrências muito baixas de actividades fraudulentas baseadas em cartões, tais como as fraudes de Triangulação e de Teste de Cartões.

Além disso, a investigação foi capaz de incorporar bibliotecas python como python, que são ferramentas muito eficazes na análise de dados das redes sociais como o Twitter. Na Análise de Sentimentos, foram também analisadas várias dimensões dos sentimentos, tais como linguagem, emojis, pontuações, capitalização e lingua das redes sociais que dão resultados mais precisos nos cálculos de polaridade. A investigação foi capaz de mostrar a perspectiva dos utilizadores do comércio electrónico queniano nesta altura, que pode ser utilizada como base para futuros trabalhos de investigação por aqueles interessados na investigação do mesmo campo e para fins de comparação.

**6.5 Recomendações e Estudos Adicionais**

O estudo mostrou que existem numerosas técnicas utilizadas pelos cibercriminosos nas tentativas de defraudar os utilizadores do comércio electrónico, que se baseiam principalmente em métodos de Engenharia Social. Com o espaço de transacções electrónicas em constante mudança e muito dinâmico, em que os atacantes estão a empregar técnicas de fraude mais complicadas, é necessário desenvolver uma ferramenta em tempo real que possa descobrir fraquezas na segurança do comércio electrónico à medida que estas ocorrem. A investigação mostra que "os humanos são o elo mais fraco da cibersegurança", segundo Roohparvar (2021), embora a tecnologia possa filtrar a maioria dos ataques, não pode eliminar todas as ameaças. As pessoas representam a última linha de defesa e devem ser educadas em segurança cibernética, os fraudadores tentarão sempre manipular a psicologia humana, mas com uma maior consciencialização, um utilizador informado conduzirá a menos casos de fraude no comércio electrónico, levando ao crescimento do sector.

A recolha de dados foi feita utilizando o Twint, que é uma ferramenta avançada de desmantelamento da web construída em Python que superou os numerosos desafios enfrentados pelo Standard Twitter API, tal como foi feito por pesquisas anteriores na área de Análise de Sentimentos. Com os benefícios do Twint, é possível ir buscar uma enorme quantidade de dados que podem ser utilizados para Análise de Sentimento, mas esta pesquisa limitou-se apenas ao Twitter, observou-se que a incorporação de dados do Facebook e Instagram forneceria informações diversas que aumentariam o alcance da pesquisa.

A Plataforma foi capaz de analisar sentimentos escritos em inglês mas não muito eficazes em línguas locais quenianas, pelo que há necessidade de criar um dicionário de léxico de dados local. Existe também a limitação de que o slung queniano está em constante mudança, pelo que existe o desafio que uma dada palavra pode significar uma coisa para uma dada população, mas com um significado diferente noutra. A investigação futura deve concentrar-se no desenvolvimento de uma ferramenta que tenha em consideração o uso da Língua Local e seja suficientemente dinâmica para acompanhar os diferentes significados do slung queniano, de acordo com as áreas geográficas.

A Plataforma oferece possibilidades de ser melhorada para a tornar mais fácil de utilizar, podendo ser instalada em telemóveis que são o dispositivo mais popular utilizado pelos utilizadores do Twitter. Para além disso, podem ser feitas melhorias para fazer com que a plataforma seja multilingue, de modo a poder responder à natureza dinâmica da lingua aplicada nos textos das redes sociais. Os desenvolvimentos futuros funcionariam mais eficazmente na Análise Sentimental da perspectiva dos utilizadores do comércio electrónico, depois de ter em conta as melhorias mencionadas.

REFERÊNCIAS

AbdelFattah, M., Galal, D., Hassan, N., Elzanfaly, D. S., & Tallent, G. (2017). Uma ferramenta de análise dos sentimentos para determinar o sucesso promocional das imagens de moda no instagram. *International Journal of Interactive Mobile Technologies,* *11*(2), 66-73. https://doi.org/10.3991/ijim.v11i2.6563

Ali Albahar, M. (2019). Detecção de perfis de twitter fraudulentos: Um modelo de detecção de fraudes em redes sociais em linha. *International Journal of Innovative Computing, Information and Control, 15*(5), 1629-1639. https://doi.org/10.24507/ijicic.15.05.1629

Alli, R., Nicolaides, R., & Craig, R. (2018). Detecção antecipada de emails de fraude de taxas usando pronomes auto-referenciais: Uma análise preliminar. *Fórum de Contabilidade, 42*(1), 78-85. https://doi.org/https://doi.org/10.1016/j.accfor.2018.01.003

Anwar Hridoy, S. A., Ekram, M. T., Islam, M. S., Ahmed, F., & Rahman, R. M. (2015). Mineração de opinião localizada no twitter utilizando análise de sentimentos. *Decision Analytics, 2*(1). https://doi.org/10.1186/s40165-015-0016-4

Apau, R., Koranteng, F. N., & Gyamfi, S. A. (2019). Cyber-Crime e os seus efeitos sobre as tecnologias do comércio electrónico. *Journal ofInformation, 5*(1), 39-59. https://doi.org/10.18488/journal.104.2019.51.39.59

Atkins, B., & Huang, W. (2013). Um Estudo de Engenharia Social em Fraudes Online. *Open Journal of Social Sciences, 01*(03), 23-32. https://doi.org/10.4236/jss.2013.13004

Baako, I., Umar, S., & Gidisu, P. (2019). Preocupações de Privacidade e Segurança nos Websites de Comércio Electrónico no Gana: Um Estudo de Inquérito. *International Journal of Computer Network and Information Security,* *11*(10),19-25. https://doi.org/10.5815/ijcnis.2019.10.03

BBC. (2021). *Carta de África: A isca do esquema "get-rich-quick" no Quénia.* https://www.bbc.com/news/world-africa-57255600

Bhargava, S., & Choudhary, S. (2018). Análise Comportamental do Sentimental Deprimido no Twitter: Baseado na Abordagem de Aprendizagem Supervisionada por Máquina. No *Jornal Electrónico SSRN.* https://doi.org/10.2139/ssrn.3175816

Bolster. (2020). *Os esquemas de cartões-presente explodem na próxima época de compras de férias.* 2020. https://bolster.ai/blog/gift-card-scams-explode-in-upcoming-holiday-shopping-season/

Bullee, J., & Junger, M. (2020). *Engenharia Social. Março.* https://doi.org/10.1007/978-3-319-90307-1

Caldeira, E., Brandao, G., & Pereira, A. C. M. (2014). Análise e prevenção de fraudes nas transacções de comércio electrónico. *Actas - 9º Congresso Latino-Americano na Web, LA-WEB 2014, Dezembro,* 42-49. https://doi.org/10.1109/LAWeb.2014.23

CERT-UK. (2015). *Uma introdução à engenharia social.*

Ponto de verificação. (2020). Check Point Cyber Security Report. Em *Segurança* (Vol. 7, Edição de Outubro).

Citizens Advice Scotland. (2014). *Enganado e Perigoso: The impact of fraudsters* (Issue May). www.cas.org.ukNeedadvice?www.adviceguide.org.uk

Cohen, J., Ding, Y., Lesage, C., & Stolowy, H. (2012). Fraude Empresarial e Comportamento dos Gestores: Provas da Imprensa. Em R. Cressy, D. Cumming, & C. Mallin (Eds.), *Entrepreneurship, Governance and Ethics* (pp. 271-315). Springer Netherlands. https://doi.org/10.1007/978-94-007-2926-1_8

Cohen, L. E., & Felson, M. (1979). *Social Change and Crime Rate Trends : A Routine Activity Approach Author (s ): Lawrence E. Cohen e Marcus Felson Publicado por: American Sociological Association Stable URL: http://www.jstor.org/stable/2094589 Acessado: 07-03-2016 11: 39 UTC O seu u. 44*(4), 588-608.

Autoridade de Comunicações do Quénia. (2021). *RELATÓRIO DE ESTATÍSTICAS DO*

*PRIMEIRO SECTOR PARA O EXERCÍCIO 2020 / 2021 ( JULHO - SETEMBRO DE 2020 )* (Vol. 2021, Edição de Setembro de 2020).

Cox, C. (2014). *PROTECÇÃO DE VÍTIMAS DE CYBERSTALKING , CYBERHARASSMENT , E IMPERSÃO ONLINE ATRAVÉS DE PROSECUÇÕES E LEI EFECTIVA Autor (s ): Cassie Cox Publicado por: American Bar Association Stable URL :* https://www.jstor.org/stable/24395601. *54*(3), 277-302.

Dimitri, P. (2016a). *Questões de Segurança do Comércio Electrónico: Phishing e Spear Phishing.* https://www.vadesecure.com/en/blog/ecommerce-security-issues

Dimitri, P. (2016b). *Questões de Segurança do Comércio Electrónico: Phishing e Spear Phishing.*

Duah, F. A., & Kwabena, A. M. (2015). *the Impact of Cyber Crime on the Development of Electronic Business in Ghana. 4*(01), 22-34.

Ericsson. (2021). *A Realidade Urbana Futura Uma Vida Urbana Digital Moldada pela Pandemia: Uma realidade futura imaginada pelos consumidores* (Edição de Junho). www.ericsson.com/en/blog/2021/

FBI. (n.d.-a). *Business Email Compromise.* https://www.fbi.gov/scams-and-safety/common-scams-and-crimes/business-email-compromise

FBI. (n.d.-b). *Carta nigeriana ou "419" Fraude.* https://www.fbi.gov/scams-and-safety/common-scams-and-crimes/nigerian-letter-ou-419-fraud

Gabarron, E., Dorronzoro, E., Rivera-Romero, O., & Wynn, R. (2019). Diabetes no Twitter: A Sentiment Analysis (Uma Análise Sentimental). *Journal of Diabetes Science and Technology, 13*(3), 439-444. https://doi.org/10.1177/1932296818811679

Gongalves, P., Araujo, M., Benevenuto, F., & Cha, M. (2013). Comparação e combinação de métodos de análise dos sentimentos. *COSN 2013 - Actas da Conferência de 2013 sobre Redes Sociais Online, Outubro*, 27-37. https://doi.org/10.1145/2512938.2512951

Gupta, N., & Agrawal, R. (2020). Aplicação e técnicas de extracção de opinião. Em *Hybrid Computational Intelligence* (pp. 1-23). Elsevier. https://doi.org/10.1016/b978-0-12- 818699-2.00001-9

Hamirani, E. (2020). *OS DESAFIOS PARA A SEGURANÇA CÍVIDA EM ECOMÉRCIO Ekbal Hamirani Professor Assistente Abstract: Introdução : Visão geral da Segurança Cibernética no Comércio Electrónico: Agosto.*

Hutto, C. J., & Gilbert, E. (2014). VADER: Um modelo baseado em regras parcimoniosas para a análise de sentimentos de textos das redes sociais. *Actas da 8ª Conferência Internacional sobre Weblogs e Meios Sociais, ICWSM 2014*, 216-225.

Junger, M., Wang, V., & Schlomer, M. (2020). Fraude contra empresas tanto online como offline: Guias de crimes, características do negócio, esforços e benefícios. *Crime Science, 9*(1), 1-15. https://doi.org/10.1186/s40163-020-00119-4

Khan, S. W. (2019). Questões de Segurança Cibernética e Desafios no Comércio Electrónico. *Revista Electrónica SSRN*, 1197-1204. https://doi.org/10.2139/ssrn.3323741

Khoo, C. S. G., & Johnkhan, S. B. (2018). Análise do sentimento baseado no léxico: Avaliação comparativa de seis léxicos de sentimentos. *Journal of Information Science, 44*(4), 491-511. https://doi.org/10.1177/0165551517703514

Kumar, S., Srivastava, A. K., Soni, Y., Tyaghi, U., & Singh, N. K. (2020). Análise dos sentimentos no Twitter: Uma nova abordagem de aprendizagem da máquina. *International Journal of Control and Automation, 13*(4), 412-421. https://www.scopus.com/inward/record.uri?eid=2-s2.0-85085899722&partnerID=40&md5=8daa2f413e84ee10db087e8f237710f3

Laurent, P., Chollet, T., & Herzberg, E. (2014). A *automatização usando inteligência artificial pode ser a próxima mudança de jogo em termos de eficiência de processos na indústria                                                      financeira.* https://www2.deloitte.com/content/dam/Deloitte/lu/Documents/operations/lu-intelligent-automation-business-world.pdf

Macaraeg, B. (2019). *The Ugly Truth of Retail Fraud and Account Takeovers.* https://www.signalsciences.com/blog/account-takeover-ecommerce-retail/

Malhotra, T. (2019). *Avaliação da Validade da Análise de Sentimento como Ferramenta para Analisar o Texto de    Conteúdos Emocionais.    13*(1),  80-84. https://panel.waset.org/Publications/assessment-of-the-validity-of-sentiment-analysis- as-a-tool-to-analisar-o-contenção-emocional-de-texto/10009979%0Ahttps://publications.waset.org/10009979/assessment-of-the-validity- of-sentiment-analysis-as-a-tool-to-analy

Mallya, A. (2016). *UTILIZAÇÃO DO SISTEMA DE ENDEREÇOS BASEADO NA GEOLOCALIZAÇÃO PARA SERVIÇOS DE ENTREGA DE COMÉRCIO ELECTRÓNICO NO QUÉNIA.*

Melnikov, A. V., Botov, D. S., & Klenin, J. D. (2017). on Usage of Machine Learning for Natural Language Processing Tasks As Illustrated By Educational Content Mining. *Ontology of Designing, 7*(1), 34-47. https://doi.org/10.18287/2223-9537-2017-7-1-34-47

Segurança Mitnick. (2021).    *6 Tipos de Ataques de Engenharia Social.* https://www.mitnicksecurity.com/blog/6-types-of-social-engineering-attacks

Miyamoto, Y., & Ryff, C. D. (2011). Diferenças culturais nos estilos emocionais dialécticos e não dialécticos e suas implicações para a saúde. *Cognition & Emotion, 25*(1), 22-39. https://doi.org/10.1080/02699931003612114

Mwasambo, L. M. (2016). *Social Engineering in e-Commerce Platforms in Kenya* (Issue October).

Ngero, E. W. (2012). *UNIVERSIDADE DE NAIROBI ESCOLA DE COMPUTAÇÃO E INFORMÁTICA ANÁLISE DO SENTIMENTO DOS MEIOS DE COMUNICAÇÃO SOCIAL PARA PRODUTOS E SERVIÇOS LOCAIS QUENIANOS POR. Julho.*

Noor, I. M., & Turan, M. (2020). Análise Sentimental sobre a Nova Moeda no Quénia utilizando o Dataset do Twitter. *IJID (International Journal on Informatics for Development), 8*(2), 81. https://doi.org/10.14421/ijid.2019.08206

Norton. (2021a).    *2021 Norton Cyber Safety Insights Report.* https://www.nortonlifelock.com/us/en/newsroom/press-kits/2021-norton-cyber-safety-insights-report/

Norton. (2021b). *2021 NORTON CYBER SAFETY INSIGHTS REPORT GLOBAL RESULTS* (Issue May).

Odanga, M. (2020). *Os golpistas estão a usar o Facebook para se aproveitarem das pessoas no    Quénia.*    https://www.buzzfeednews.com/article/odangamadung/scammers-using-facebook-prey- onkenya

Parul, P. (2018). *Simplificando a Análise Sentimental usando VADER em Python (em Social Media Text).*    https://medium.com/analytics-vidhya/simplifying-social-media-sentiment-análise-usando-vader-in-python-f9e6ec6fc52f

Pong-Inwong, C., & Rungworawut, W. (2012). Avaliação do ensino usando a mineração de dados sobre o moodle LMS forum. *2012 6th International Conference on New Trends in Information Science, Service Science and Data Mining (ISSDM2012),* 550-555.

Prakash, T. N., & Aloysius, A. (2020). Aplicações, Abordagens, e Desafios na Análise de Sentimentos (Aacsa). *International Research Journal of Modernization in Engineering Technology and Science @International Research Journal of Modernization in Engineering, Outubro,* 2582-5208.

Pratt, T. C., Holtfreter, K., & Reisig, M. D. (2010). Actividade de rotina em linha e focalização de fraudes na Internet: Alargar a generalidade da teoria da actividade de rotina. *Journal    of    Research    in    Crime    and    Delinquency,    47*(3),    267-296. https://doi.org/10.1177/0022427810365903

Renjith, S. (2018). Detecção de Vendedores Fraudulentos em Mercados Online usando a Abordagem    de    Máquina    Vectorial    de    Apoio.    *ArXiv,    57*(1),    48-53. https://doi.org/10.14445/22315381/ijett- v57p210

Roohparvar, R. (2021). *People - the Weakest Link    inCybersecurity.*
https://www.infoguardsecurity.com/people-the-weakest-link-in-cybersecurity/
Rosenthal, S., Mohammad, S. M., Nakov, P., Ritter, A., Kiritchenko, S., & Stoyanov, V. (2015). SemEval-2015 tarefa 10: Análise do sentimento no twitter. *ArXiv, SemEval,* 451-463. https://doi.org/10.18653/v1/s15-2078
Sadia, A., Khan, F., & Bashir, F. (2018). Uma visão geral da abordagem baseada no léxico para a análise dos sentimentos. *Conferência Internacional de Engenharia Electrotécnica, IEEC,* 1-6.
Silva, S. C. e., Duarte, P. A. O., & Almeida, S. R. (2020). Como as empresas avaliam o ROI dos programas de marketing dos meios de comunicação social: insights de B2B e B2C. *Journal of Business and Industrial Marketing, Dezembro.* https://doi.org/10.1108/JBIM-06-2019-0291
Smith, C., & Brooks, D. J. (2013). *Ciência da segurança: A teoria e a prática da segurança. Livro, Todo,* 1-4.
Tendência Micro. (2014). *Social Engineering Attacks on the rise, Part 1: eBay breach.* https://blog.trendmicro.com/social-engineering-attacks-rise-part-1-ebay-breach/
*Fraude de triangulação.* (2022). https://fraud.net/d/triangulation-fraud/
Tucker, J. (2020). *SCAM ALERT: Um olhar sobre os golpes de phishing que visam os compradores    online.*    https://www.wrcbtv.com/story/42773431/scam-alert-a-look-at-the-phishing-scams-that- target-online-shoppers
van Engelen, J. E., Hoos, H. H., Fawcett Jesper E van Engelen, T. B., & Hoos hh, H. H. (2020). Um inquérito sobre a aprendizagem semi-supervisionada. *Aprendizagem mecânica, 109,* 373-440. https://doi.org/10.1007/s10994-019-05855-6
Wamuyu, P. K. (2020). A Paisagem dos Meios de Comunicação Social Quenianos: *The Kenyan Social Media Landscape:    Trends and EmergingNarratives    ,2020, Dezembro.* https://doi.org/10.13140/RG.2.2.11876.60809
Yunitasari, Y., Musdholifah, A., & Sari, A. K. (2019). Detecção de Sarcasmo por Sentimento Análise em Tweets indonésios. *IJCCS (Indonesian Journal of Computing and Cybernetics Systems), 13*(1), 53. https://doi.org/10.22146/ijccs.41136

**Questionário**

Obrigado pela sua participação neste estudo. O objectivo desta investigação é estabelecer e analisar os diferentes tipos de fraude online no espaço de comércio electrónico queniano; as técnicas de Engenharia Social e Impersonificação são os tipos de actividades fraudulentas online em que o estudo se concentra e o seu impacto nos utilizadores de comércio electrónico no Quénia. Por favor, seja o mais honesto possível. A sua resposta será utilizada apenas para fins académicos e será tratada com a máxima confidencialidade.

## SECÇÃO A: INFORMAÇÃO DEMOGRÁFICA

Gender *

◯ Female

◯ Male

Age *

☐ under 20 years

☐ 20 - 29 years

☐ 30 - 39 years

☐ 40 - 49 years

☐ 50 years and above

Income Level (Approximate monthly gross in KSh.) *

☐ below 50000

☐ 50000 - 99000

☐ 100000 - 149000

☐ 150000-200000

☐ above 200000

Com que frequência participa no comércio electrónico? (Neste contexto, o que significa que fazemos compras em linha, pagamento de facturas pela Internet ou por telefone, utilização de aplicações móveis, etc.)

Choose ▾

Have you ever been a victim of online fraud?

◯ Yes

◉ No

Clear selection

# SECÇÃO B: Tipos de fraudes de Engenharia Social associadas ao comércio electrónico por utilizadores no Quénia.

Em que medida concorda com os seguintes factores com base nas suas experiências com o espaço de comércio electrónico queniano. Use uma escala de 1-5 (1- Discordo firmemente; 2- Discordo; 3- Neutro;
4- Concorda; 5- Concorda firmemente)

1. Phishing Fraud Attacks *

| | SD | D | N | A | SA |
|---|---|---|---|---|---|
| a) I have lost confidential info in my e-commerce transaction. | ☐ | ☐ | ☐ | ☐ | ☐ |
| b) I have received SMS instructing me to click a link that was used to hack | ☐ | ☐ | ☐ | ☐ | ☐ |
| c) I have received an email links that was used to attack my business after clicking | ☐ | ☐ | ☐ | ☐ | ☐ |

2. Advanced-Fee Fraud Attacks *

| | SD | D | N | A | SA |
|---|---|---|---|---|---|
| a) I have received SMS asking me to pay a given amount of money so as to make significant money | ☐ | ☐ | ☐ | ☐ | ☐ |
| b) I have lost money after making deposits during faudulent online payments | ☐ | ☐ | ☐ | ☐ | ☐ |
| c) I have been a victim of purpoted lottery requesting me to make a small payment before getting a given prize money | ☐ | ☐ | ☐ | ☐ | ☐ |

3. Pretexting/ Reverse Social Engineering *

| | SD | D | N | A | SA |
|---|---|---|---|---|---|
| a) I have received a call purporting to be from the online platforms use urging me to give certain information | ☐ | ☐ | ☐ | ☐ | ☐ |
| b) I have experienced people using details I shared online companies to make transactions | ☐ | ☐ | ☐ | ☐ | ☐ |
| c) The details I have shared with online platforms have never been used in online fraud | ☐ | ☐ | ☐ | ☐ | ☐ |

4. Baiting *

| | SD | D | N | A | SA |
|---|---|---|---|---|---|
| a) I have trusted adverts on websites that was used to attack my phone | ☐ | ☐ | ☐ | ☐ | ☐ |
| b) I have downloaded apps associated with e-commerce transactions that have been used to steal my credentials | ☐ | ☐ | ☐ | ☐ | ☐ |
| c) My device has been held ransom after making purchase on malivious websites | ☐ | ☐ | ☐ | ☐ | ☐ |

5. Quid Pro Quo *

|  | SD | D | N | A | SA |
|---|---|---|---|---|---|
| a) I have received unknown callers requesting for my information so as to help me avoid paying KPLC bills | ☐ | ☐ | ☐ | ☐ | ☐ |
| b) I have received emails purporting to be from online retailers requesting for my private information which was used in online fraud | ☐ | ☐ | ☐ | ☐ | ☐ |
| c) I have been conned online by fraudulent callers requesting for my business details to give supplies at a cheaper rate | ☐ | ☐ | ☐ | ☐ | ☐ |

# SECÇÃO C: Tipos de fraudes de imitação associadas ao comércio electrónico

## por utilizadores no Quénia.

Em que medida concorda com os seguintes factores com base nas suas experiências com o espaço de comércio electrónico queniano. Use uma escala de 1-5 (1- Discordo firmemente; 2- Discordo; 3- Neutro;
4- Concorda; 5- Concorda firmemente)

1. Triangulation Fraud Attacks *

| | SD | D | N | A | SA |
| --- | --- | --- | --- | --- | --- |
| a) I have had my credit/ debit card details stolen during an e-commerce transaction by third party. | ☐ | ☐ | ☐ | ☐ | ☐ |
| b) I have had my stolen card details used to make purchases from legitimate e-commerce platforms | ☐ | ☐ | ☐ | ☐ | ☐ |
| c) My e-commerce business has been subject to triangulation fraud involving stolen credential theft | ☐ | ☐ | ☐ | ☐ | ☐ |

2. Interception Fraud *

|  | SD | D | N | A | SA |
|---|---|---|---|---|---|
| a) I have lost money after making purchases that were fraudulently delivered elsewhere | ☐ | ☐ | ☐ | ☐ | ☐ |
| b) I have always had the goods I ordered delivered to me as ordered | ☐ | ☐ | ☐ | ☐ | ☐ |
| c) My business have had clients losing products or services by fraudsters changing delivery points | ☐ | ☐ | ☐ | ☐ | ☐ |

3. Account Takeover Fraud *

|  | SD | D | N | A | SA |
|---|---|---|---|---|---|
| a) I have been a victim of third-party data breach in e-commerce platform after making purchases | ☐ | ☐ | ☐ | ☐ | ☐ |
| b) I have had my login credentials stolen from e-commerce sites and posted in public paste sites | ☐ | ☐ | ☐ | ☐ | ☐ |
| c) My business has had client credentials stolen in bulk and used in malicious activities | ☐ | ☐ | ☐ | ☐ | ☐ |

4. Identity Theft *

|  | SD | D | N | A | SA |
|---|---|---|---|---|---|
| a) I have have made purchases from impersonated platforms on social media | ☐ | ☐ | ☐ | ☐ | ☐ |
| b) My e-commerce business has been attacked by identity theft from seemingly legitimate customers who turned out to be imposters | ☐ | ☐ | ☐ | ☐ | ☐ |
| c) My e-commerce business has numerous e-commerce platforms impersonating our brand details | ☐ | ☐ | ☐ | ☐ | ☐ |

5. Card Testing Fraud *

|  | SD | D | N | A | SA |
|---|---|---|---|---|---|
| a) My stolen card has been used to make numerous small consistent purchases I did not authorize | ☐ | ☐ | ☐ | ☐ | ☐ |
| b) My business has faced incidents of stolen cards used to make suspicious small consistent purchases followed by significant ones | ☐ | ☐ | ☐ | ☐ | ☐ |
| c) My card has been used in significant purchases I didn't authorize | ☐ | ☐ | ☐ | ☐ | ☐ |

Printed by Books on Demand GmbH, Norderstedt / Germany